Q&A 会社解散・清算の実務 改訂版

税務　会計　法務　労務

日本税務会計学会顧問
右山 昌一郎 監修・著

社会保険労務士	公認会計士	司法書士	税理士	税理士
川端 重夫	白土 英成	星野 文仁	宮森 俊樹	折原 昭寿

著

改訂版刊行にあたって

　平成22年度税制改正において唐突として法人税法の清算所得課税制度が廃止され通常所得課税制度に移行した。
　この改正は，基本法としての会社法の第八章「解散」及び第九章「清算」に何らの改正も加えず法人税法のみを改正したものである。
　正に「木を見て森を見ず」のたとえに似ている。
　したがって，まず変わらない森を見るために古い文献を掲げることとする。

　「第三節　解散および清算
　　一　総説
　　　会社の法人格の消滅を来すべき原因となる法律事実を解散といい，解散につづいて法律関係の後始末をするための手続きを清算という。会社の法人格は，解散によって直ちに消滅せず，清算手続きが結了し，その登記がなされることによって消滅する。清算の目的は，会社のすべての権利義務を処理して残余財産を株主に分配することであって，したがって，清算中の会社は営業を続行することができず，営業を前提とする諸制度・諸規定は適用されない。また，清算中の会社にもその法人格は従前の会社と同様存在しているのであって，ただその権利能力の範囲が清算の目的の範囲内に縮減するだけである。」
〔『株式会社概説』〈改訂版〉坂埜光男著　32頁，三嶺書房，1994年7月5日〕

　すなわち，当該文献において「清算中の会社は営業を続行することができず，営業を前提とする諸制度・諸規定は適用されない。」とする箇所である。
　この清算中の会社に改正法人税法は営業継行中の会社と同様な損益計算に基づく通常所得課税制度を強制するものである。

この理由としては，①清算業務を徒(いたずら)に遅延し，通常業務を行う会社があること②通常業務の間に過大役員給与や過大役員退職金を支給したり，また多額の交際費等を支出したりといった例があるが，清算所得課税制度の範疇では，これらを是正することはできないと解されること，を述べている。

　しかし，強制的な税制改正は，その該当者のみを是正すべきであり，非該当者まで拡大する必要はない。

　すなわち，山林の中の該当する木だけを変える「間引き」の特例を設ければ，森は是正されるはずである。

　そうしたことを心に秘め清算所得課税のあり方を「間引き改正」で充分ではなかったのかということ，同時に会社解散・清算の実務全般について検討し，かつ，間引き改正としての是正策を提言したのが本書である。

　本書の初版が既に4刷を重ね，この度の改訂版が刊行されることに深い感謝を捧げたい。

　令和元年6月
　　　　　　監修／日本税務会計学会顧問・元税理士　右山昌一郎

目　次

はしがき

第1章　解散・清算実務を考える

1　清算所得課税の廃止に係る問題点　*2*
1　本書の「はじめ」に際して　*2*
2　会社の清算における法人税実務　*3*
3　会社の解散・清算における経理実務　*8*

2　米国における清算所得課税の概要　*10*
1　日本と米国における清算法人に係る課税方式の考案　*10*
2　米国における清算課税　*12*
3　日本と米国における清算所得課税の比較　*15*

第2章　解散・清算における法務及び労務

1　解散・清算における法務の概要　*20*
- Q 01　解散・清算の具体的な手続　*21*
- Q 02　清算株式会社の権利能力と実施手続　*23*

2　解散の法務手続　*26*
- Q 03　株式会社の解散事由　*27*
- Q 04　裁判所への解散の届出　*29*
- Q 05　会社解散のための株主総会の決議　*30*
- Q 06　株式会社の解散と清算結了　*31*
- Q 07　取締役・監査役・清算人とは何か　*32*
- Q 08　清算人の選任方法　*33*
- Q 09　会社解散から結了までの手続の順序及び必要期間　*34*
- Q 10　会社解散の株主総会招集のための取締役会議事録と取締役決定書　*36*
- Q 11　会社解散の株主総会の招集通知　*40*
- Q 12　株主総会の招集期間が短い場合又は発せられなかった場合　*43*
- Q 13　会社解散の株主総会議事録の記載事項　*44*
- Q 14　書面会議による株主総会決議　*47*

3　清算の法務手続　*54*
- Q 15　会社解散及び清算人選任の登記の登録免許税額　*55*
- Q 16　会社解散及び清算人選任の登記申請書の添付書類　*57*

- Q 17 会社解散後の履歴事項全部証明書の記載内容 *61*

④ 残余財産の確定と分配 *63*
- Q 18 会社解散時の財産目録及び清算開始の貸借対照表 *64*
- Q 19 清算人が招集する定時株主総会 *66*
- Q 20 会社解散後の債務の弁済 *71*
- Q 21 清算結了の株主総会までに清算会社が行うこと *73*
- Q 22 清算結了の登記 *79*
- Q 23 清算結了登記後の履歴事項証明書 *81*
- Q 24 清算結了後の帳簿資料 *82*
- Q 25 特例有限会社の解散の場合 *83*
- Q 26 許可を受けて建設業を営んでいる会社が解散した場合 *86*

⑤ 解散・清算における労務 *88*
- Q 27 従業員に関して作成する書類 *90*
- Q 28 届出等の手続 *93*
- Q 29 未払の給与・退職金がある場合 *95*
- Q 30 従業員に対する説明 *98*

第3章 解散・清算における会計実務

① 解散・清算における経理事務の流れ *102*
- Q 31 解散から残余財産確定までの事業年度 *103*
- Q 32 解散時の会計 *105*
- Q 33 清算の会計 *109*
- Q 34 清算結了時の会計 *111*

② 解散にあたって作成する計算書類 *114*
- Q 35 解散時における財務書類 *115*
- Q 36 清算事務年度における計算書類 *119*
- Q 37 清算結了時の財務書類 *122*

③ 貸借対照表及び財産目録における資産及び負債の評価 *124*
- Q 38 財産目録・貸借対照表の作成 *125*
- Q 39 処分価格の算定方法 *127*
- Q 40 実態貸借対照表作成の意義 *130*
- Q 41 清算所得に対する税額の見積り計上 *132*

④ 残余財産の確定と分配の会計処理 *133*
- Q 42 清算結了時の財務書類の作成 *134*
- Q 43 残余財産確定までの会計処理 *137*
- Q 44 債務弁済前に財産分配を行う場合 *139*
- Q 45 残余財産確定時の留意点 *141*

- Q 46　残余財産分配の会計処理　143
- ⑤　解散・清算における会計基準　144
  - Q 47　適用すべき会計基準　145
  - Q 48　継続企業を前提とする会計基準　146
  - Q 49　継続企業の前提が成立していない場合　148
  - Q 50　提供される財務情報　150
  - Q 51　法人税，会社法，企業会計の関係　152
- ⑥　継続企業を前提としていない会社の会計と監査　153
  - Q 52　継続企業の前提に関する開示　155
  - Q 53　会計制度委員会研究報告第11号　157
  - Q 54　継続企業の前提に基づく財務諸表　159
  - Q 55　継続企業の前提に重要な不確実性がある場合の監査意見　160
  - Q 56　継続企業の前提が成立していない一定の事実　163
  - Q 57　解散決議後の監査役又は監査役会　164
  - Q 58　解散決議が行われた会社に対する監査意見　166

第4章　解散・清算における税務

- ①　清算所得課税の概要　170
  - Q 59　解散事業年度の確定申告　171
  - Q 60　清算事業年度の確定申告　174
  - Q 61　残余財産が確定した場合　176
  - Q 62　連結納税，グループ法人税制との関係　177
- ②　みなし事業年度　179
  - Q 63　事業年度とみなし事業年度　180
  - Q 64　法人が事業年度の中途で解散した場合　182
  - Q 65　清算中の法人の残余財産が事業年度の中途で確定した場合　184
  - Q 66　清算中の法人が事業年度の中途で継続等した場合　185
- ③　期限切れ欠損金の損金算入　186
  - Q 67　解散の場合の期限切れ欠損金の損金算入　187
  - Q 68　期限切れ欠損金の範囲　188
  - Q 69　残余財産がないと見込まれるかどうかの判定　190
  - Q 70　残余財産がないと見込まれるとき　191
  - Q 71　実態貸借対照表の作成　193
  - Q 72　残余財産がないと見込まれることを説明する書類　195
  - Q 73　債務超過の判定　198
  - Q 74　土地を売却→金融機関の借入金返済（1年目）　201
  - Q 75　社長借入金の債務免除（2年目）　203
  - Q 76　社長借入金の債務免除（1年目）　205

- Q77 土地を売却→金融機関及び社長借入金の返済（2年目） *207*
- Q78 清算が行われる場合の実在性のない資産の取扱い *209*
- Q79 法的整理手続等の適用範囲 *210*
- Q80 再生が行われる場合の実在性のない資産の取扱い *211*
- Q81 更正期限内に生じた実在性のない資産の処理方法 *212*
- Q82 更正期限を過ぎた実在性のない資産の処理方法 *213*
- Q83 発生原因が不明な実在性のない資産の処理方法 *214*

④ 欠損金の繰戻しによる還付 *216*
- Q84 欠損金が発生した場合の取扱い *217*
- Q85 中小企業者等以外の法人の欠損金の繰戻しによる還付制度の不適用 *219*
- Q86 中小企業者等の範囲 *220*
- Q87 解散等の場合の特例 *221*

⑤ 残余財産の分配 *222*
- Q88 残余財産の分配とみなし配当 *223*
- Q89 株主が残余財産の分配を受けた場合 *225*
- Q90 みなし配当が生じた場合の手続 *227*
- Q91 現物分配に係る所得金額の計算 *228*
- Q92 被現物分配法人の処理 *230*
- Q93 みなし配当が生じた場合の手続 *232*

⑥ 清算結了の登記をした法人の清算人等に対する第二次納税義務 *233*
- Q94 清算結了の登記をした法人の納税義務 *234*
- Q95 第二次納税義務の意義 *235*
- Q96 清算人等の第二次納税義務 *236*
- Q97 残余財産の分配等をした清算人の範囲 *237*
- Q98 残余財産の分配等を受けた者の範囲 *238*
- Q99 第二次納税義務の範囲 *239*

第5章 解散・清算の税制に対する提言

① 本書で扱った内容を振り返って *242*
　1 改正法人税法と会社法の実務 *244*
　2 改正法人税法と会計の実務 *245*
　3 改正法人税法の実務 *246*

② 解散・清算の税制に対する提言 *247*
　1 当該法人税法の改正と実務 *248*
　2 当該法人税法の改正と検討事項 *250*
　3 当該法人税法の改正に係る提言 *252*

第1章
解散・清算実務を考える

1 清算所得課税の廃止に係る問題点

1 本書の「はじめ」に際して

　平成22年度税制改正により唐突として法人税法における清算所得課税制度が廃止され通常所得課税制度に移行した。
　この改正は会社法の解散・清算制度に，何らの改正を加えず法人税法のみの改正で行われたものである。
　基本法である会社法を改正せずに法人税法のみを改正することを奇異に感じたのは私だけでないと思う。
　そこで，その原因を質したところ次の点が判明した。
① 　会社法の解散登記後長年にわたり清算業務を行わず通常業務を行い，残余財産の分配も行わず，清算所得課税の実効を徒らに遅延させている事例があること。
② 　当該遅延期間において，過大な役員給与や過大役員退職金を支給したり，又多額の交際費等を支出している例があるが，清算所得課税制度の範疇では，これらを是正することはできないと解されること。
　しかし，それらのことであるなら清算所得課税制度の中に不公平是正の特別立法をして是正する方法はなかったかと考える。
　いずれにしても解散・清算については，基本法である会社法が，残余財産を基礎とした財産計算であるのに法人税法が財産計算を放棄し所得計算のみに移行した制度改正に対して法体系上納得ができない点が存在する。
　したがって，改正法人税法を特に基礎としての法務・労務の面からも検討する必要があると考え，税務・会計のみでなく「解散・清算における法務手続」（星野司法書士）及び「解散・清算における労務」（川端社会保険労務士）も本書の記述に加えて頂いた。

そもそも法人税法は，会社法における会計処理及び会計報告を基として，これらに税務調整を加えて法人税法の所得の金額を算定しているものと考察される。そうであるならば，まずわが国の一般に公正妥当な会計処理の基準とされる会計処理は，会社解散・清算に対してどのように対処しているのかという「公正処理基準」の問題を取り上げる必要がある。

　次に会社法における解散・清算関係の決算はどのように行われているか，そして，その会社実務が果して法人税法が定める「確定決算基準」に適合するのかの点について検討する必要がある。

　最後に，改正前の清算所得課税制度においては，会社法の清算を基として構成されていた関係から残余財産の価額から法人税法上の資本金等の額及び利益積立金の額を控除して清算所得の金額を算定しているのに対して，通常所得課税制度は，資本金等の額及び利益積立金の額は控除しない代りに「期限切れ欠損金」を法人の清算に際しては特別に控除することとしている。したがって，資本金等の額及び利益積立金の額の控除と期限切れ欠損金の控除とはどのような関係にたつのか，また実務にはどのような影響を与えるかについては今後のことも踏まえて入念に念査する必要がある。

　本書では，これらのことを問題とすることから会社法を熟知した会計士，税理士，司法書士，社会保険労務士の6名により主として実務上の視点から問題点を浮き彫りにし読者の参考に供したい。

2　会社の清算における法人税実務

　解説を始めるに際して会社清算に係る法人税法の改正前の財産課税方式（以下この節において「旧法」という）と改正後の所得課税方式（以下，この節において「新法」という）の差異を明らかにしておく必要がある。

1　新法の適用時期

　新法は，平成22年10月1日以後の解散に適用されている。その図示と留意点を示せば【図表1－1】のとおりである。

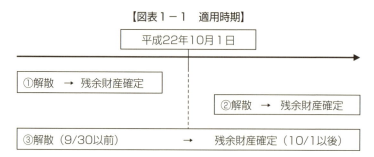

【図表1-1　適用時期】

【留意点】

　平成22年9月30日までに解散している①，③は改正前の法人税法が適用され，②は改正後の法人税法が適用される。

　なお，解散日については，解散登記で明らかにするか，株主総会の議事録に確定日付を付して明らかにする配慮が必要であると思われる。

2　旧法による清算所得課税

　改正前の清算所得課税は，含み益を清算所得の対象とするとして構成されていた。そのことを図示すれば【図表1-2】のとおりである。

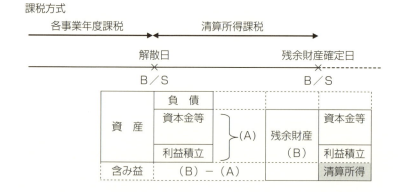

【図表1-2　解散による清算所得の金額】

（算式）残余財産の価額－（解散時の資本金等の額＋解散時の利益積立金額等）
　　　　＝清算所得の金額

③ 新法改正の経緯と課税方式の変更

1 新法改正の経緯

平成21年12月22日において,与党・民主党より公表された平成22年度税制改正大綱には,清算所得課税について下記のとおり記載されている。

> ① 清算所得課税を廃止し,通常の所得課税に移行する。
> ② 期限切れ欠損金の損金算入制度を整備する等の所要の措置を講ずる。
> ③ 連結子法人の解散を原則として連結納税の承認の取消事由から除外する。

2 課税方式の変更の説明(政府試案)

主として期限切れ欠損金の取扱いを主眼としての課税方式の変更が【図表1-3】のとおり政府試案として示されたが,①黒字清算の場合における資本金の控除,②新法における期限切れ欠損金350であるのに250しか控除しない点等の取扱いについての説明がなかった。

【図表1-3 課税方式の変更(政府試案)】

① 改正前(財産課税方式)
　債務超過であるため,株主に分配される残余財産は0となる。
　　残余財産価額-(資本金等の額+利益積立金額)=清算所得
　　　　0　　-(　100　＋　　0　　)＝　0
② 改正後(所得課税方式)
　資産500と負債900との差額400は債務免除を受ける。
　　益金-(損金+青色欠損金+期限切れ欠損金)=所得金額
　　400-(0 ＋ 150 ＋ 250)＝ 0
　※期限切れ欠損金の損金算入が認められない場合,250の課税所得が発生する。

3 青色欠損金と期限切れ欠損金の適用関係

当該適用関係を示せば【図表1-4】であるが,結果としての期限切れ欠損金の残留△100が新法の欠陥であると判断される。

【図表1-4 青色欠損金等と期限切れ欠損金の適用関係】

会社更生法等 （資産評価あり）	民事再生法等		解　散
	資産評価あり	資産評価なし	
期限切れ欠損金 ↓ 青色欠損金等	期限切れ欠損金 ↓ 青色欠損金等	青色欠損金等 ↓ 期限切れ欠損金	青色欠損金等 ↓ 期限切れ欠損金

会社更生法等の法的整理に基づく欠損金の損金算入制度においては,債務免除益,私財提供益及び資産の評価益が生じた場合にこれらの金額を相殺するまで期限切れ欠損金の損金算入が認められる。なお,解散の場合にはそのような制限はなく,債務免除益,私財提供益及び資産の評価益のほか,資産の譲渡益などが生じた場合にも相殺が可能となる。

【具体例】

※負債900のうち400について債務免除を受けた。他に所得はない。
　① 債務免除益　900－500＝400
　② ①－150（青色欠損金）＝250
　③ ②－350（期限切れ欠損金）＝△100
　　∴課税所得なし,期限切れ欠損金△100残留

4　期限切れ欠損金の取扱い

　期限切れ欠損金の取扱いについては，次のとおりであるが，期限切れ欠損金の存在しない黒字清算についての取扱いがないことも新法取扱いの一つの欠陥である。

　清算所得に対する法人税の廃止により，期限切れ欠損金の利用範囲が拡大されることとなったが，この制度は清算中の事業年度において無条件に認められるものではなく，「残余財産がないと見込まれるとき」，すなわち実質的に債務超過であることが前提となっている。なお，「残余財産がないと見込まれるとき」については，その判定の時期については「法人の清算中に終了する各事業年度終了の時の現況」とし，その時の実態貸借対照表において「債務超過の状態にあるとき」は残余財産がないこととして，取り扱われることになった（法基通12－3－7）。

　なお，上記に関し，発遣されている取扱いの内容を示せば，次のとおりである。

① 「残余財産がないと認められるとき」とは

　この改正による「期限切れ欠損金」の利用については，法令上は清算法人の「残余財産がないと見込まれるとき」と規定（法法59③）されているが，その判断基準についての明文規定はない。

　残余財産がないと見込まれる場合とは，実質的に債務超過であることを意味するものと判断され，その判断は時価ベースによる実態貸借対照表によるものと思われる（法基通12－3－8，12－3－9）。

　また，その債務超過の判定の時期については，各清算事業年度の終了時における実態貸借対照表によるものと考えられる（法基通12－3－7）。

② 「残余財産がないと見込まれるかどうかの判定の時期」（法基通12－3－7）

　法人税法59条3項≪解散した場合の期限切れ欠損金額の損金算入≫に規定する「残余財産がないと見込まれる」かどうかの判定は，法人の清算中に終了する各事業年度終了の時の現況による。

③ 「残余財産がないと見込まれることの意義」（法基通12－3－8）

　解散した法人が当該事業年度終了のときにおいて債務超過の状態にあるときは，法人税法59条3項≪解散した場合の期限切れ欠損金額の損金算入≫に規定する「残余財産がないと見込まれるとき」に該当するのであるから留意する。

④ 「残余財産がないと見込まれることを説明する書類」（法基通12－3－9）

　法人税法施行規則26条の6第3号≪会社更生等により債務の免除を受けた金額等の明細等に関する書類≫に定める「残余財産がないと見込まれることを証明する書類」には，例えば，法人の清算中に終了する各事業年度終了のときの実態貸借対照表（当該法人の有する資産及び負債の価額により作成される貸借対照表をいう。以下12－3－9において同じ）が該当する。

　　（注）　法人が実態貸借対照表を作成する場合における資産の価額は，当該事業年度終了時における処分価額によるのであるが，当該法人の解散が事業譲渡等を前提としたもので当該法人の資産が継続して他の法人の事業の用に供される見込みであるときには，当該資産が使用収益されるものとして当該事業年度終了のときにおいて譲渡される場合に通常付される価額による。

3　会社の解散・清算における経理実務

　旧法・新法間における解散・清算における経理実務は，【図表1－5】で示したように公準のない雑多な収益等と費用等の額の組立てになるものと判断される。

【図表1－5　解散・清算における経理実務の流れ】

[税法改正前（平成22年9月30日以前解散）の経理実務]

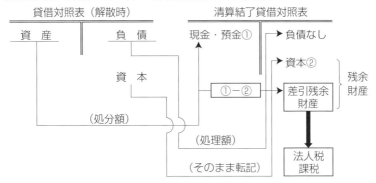

（注）清算中の損益について損益計算書を作成する必要なし。

[税法改正後（平成22年10月1日以後解散）の経理実務]

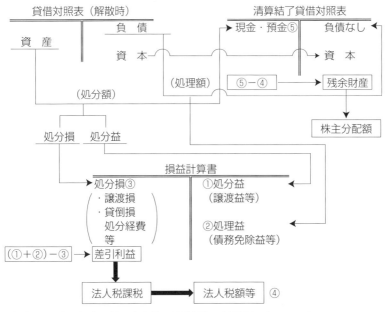

（注）清算中の損金の額が法人税の課税対象の控除額となることから損益計算書の作成が必要となる。

2　米国における清算所得課税の概要

1　日本と米国における清算法人に係る課税方式の考案

①　日本における清算法人に係る課税方式

　わが国の法人税制は，従来から4種類の法人税により構成されており，これまで清算所得に対する法人税は，その中核をなしている各事業年度の所得に対する法人税を補完するものとして位置づけられてきた。すなわち，法人が事業活動をしている場合の各事業年度の所得に対する法人税については，実現主義に基づいて課税することを原則とし，未実現の所得には課税しないという考え方をとっており，法人が解散して，その清算の過程で含み益のある資産が処分され，株主の拠出資本を超えて分配が行われたような場合に，これまで課税されてこなかった含み益について清算所得に対する法人税を課税することで，法人の生涯を通じた全所得についての課税を完結することとされていた。

　平成22年3月24日，「所得税法等の一部を改正する法律」が第174回国会において成立し，別段の定めがあるものを除き，同年4月1日より施行されている。平成22年度税制改正では，「清算所得に対する法人税」が廃止されることとなったが，これは，従来の法人税課税方式を根本から見直すものであり，昨今の改正の中でも非常に大きな項目であると思われる。すなわち，改正前の清算所得に対する法人税は残余財産がなければ清算所得の金額が発生しないという財産課税方式を採用していたのに対し，改正後は当該財産課税方式が廃止され，通常の所得課税方式に改正し3種類の法人税に移行したことから，従来は清算過程の課税所得に含まれることのなかった債務免除益の額に課税が生じる余地がある又は株主の拠出資本としての資本金等の額を控除しないなど，実務に与える影響も大きいと考えられる。

そこで，ここではまず改正前における清算所得に対する法人税の方式を確認した上で，新法の施行に伴う方式を考察することとする。

平成22年度税制改正前を「改正前」とし，同改正後を「改正後」として法人税の種類を示せば次の表（図表1－6）のとおりとなる。

【図表1－6　平成22年度税制改正による清算所得課税の廃止に伴う法人税の種類】

改正前	改正後
①　各事業年度の所得に対する法人税（通常課税）	①　左に同じ
②　各連結事業年度の連結所得に対する法人税（連結課税）	②　左に同じ
③　退職年金積立金に対する法人税（退職年金課税）	③　左に同じ（引き続き令和2年3月31日まで適用停止）
④　清算所得に対する法人税（清算課税）（旧法人税法92条～120条）	④　通常課税に改正（平成22年10月1日以後の解散法人に適用）
4種類の法人税	3種類の法人税

1　改正前の清算所得の課税方式

改正前の清算所得の課税方式を示せば次のとおりであった。

清算所得の金額 ＝ 残余財産の価額 －（資本金等の額 ＋ 利益積立金額等）

2　改正後の清算所得の課税方式

改正後の清算所得に対する課税方式は次のようになる。

益金の額 － 損金の額 － 期限切れ欠損金 ＝ 改正後清算所得の金額

② 米国における清算法人に係る課税方式の考察

米国の清算法人に係る課税方式は，日本における旧清算課税方式（前記1の方式）及び通常課税方式（前記2の方式）のいずれの概念も採用していない。

すなわち，清算法人（完全清算の法人：完全清算とは，清算手続により会社財産を株主に分配することをいう）は，原則として清算分配の日に受領者に資産を売却

したものとして当該資産の分配に係る損益を認識することとしているので資産に係る譲渡益又は譲渡損が計上される。

他方負債については，会社更生又は支払不能時の債務免除益については，連邦法人税法において総収入に含まれないと規定している。

したがって，わが国の新法施行により問題となっている「財産価額を超過する債務を免除した額については，清算法人の担税力はないのではないか」という点は，米国の法人税法では解決されているものと判断することができる。

さらに，清算法人に係る清算分配は株式と引換えの支払を前提として，その原資となる当該資産を公正な市場価額で売却したものとして損益の額を認識することとしている。

これらのことから米国の清算法人に係る清算所得課税については，株式と引換えに行う残余財産の配当に充てる当該資産の含み損益を計上したにすぎないものである。

したがって，米国の清算所得課税もわが国の改正前の財産課税方式による「含み益課税方式」に立脚しているということができる。

2 米国における清算課税

① 清算課税の変遷

米国歳入法（Internal Revenue Code，以下「IRC」という）によれば，従来，清算法人における清算財産の分配は株主の所有する株式との等価交換と認定し，損益は発生しないとする優遇措置としての特例，ゼネラル・ユティリティ・ルール（general utility rule）が存在していた。

このゼネラル・ユティリティ・ルール（general utility rule）（この節では「当該ルール」という）の経緯について述べると次のとおりである。

当該ルールは，解散会社の資産処分に関して優遇措置を認めるものであった。会社が値上がりしている財産を売却した場合の売却利得は，原則として2回課税されていた。第1回目は，売却したときにおける会社への課税であり，第2

回目は，課税済売却利得を配当として分配したときにおける株主への課税である。

これを緩和するために設けられたものが，当該ルールである。当該ルールによれば，これらの場合には，会社が利益を計上することなく株主の1回限りのキャピタル・ゲインの課税のみにしたものであった。

その後当該ルールは，課税客体が異なること又課税の不公平が生ずる等の理由から，会社に対する利益を認識することにしたものである。

すなわち，清算法人の清算財産の分配には，清算法人の含み損益の額が含まれていること並びに株主にも株式の譲渡損益が生じていることから，これに対応する改正が行われた。

そこで，1986年（昭和61年）改正法は，清算法人が清算に伴い財産の分配を行う清算分配の日に受領者たる株主に所有資産を売却したものとして，当該資産の分配に係る損益を認識しなければならないこととされた（IRC 331及び326）。

他方受領者たる株主は，清算分配は株主の資本資産である株式との引換えに基づく支払であることから通常の配当ではなく株式の譲渡損益，換言すればキャピタル・ゲイン又はキャピタル・ロスを生ずることとされた。

2 清算法人の清算分配に係る損益

1 原　　則

完全清算法人に係る清算手続としての会社財産の株主への分配は，株主の株式と当該財産の交換取引として扱われ，会社側は，当該財産を時価（公正な市場価額）で売却したものとして当該財産について含み損益の額を認識することになる。

完全清算でない一部分配の場合には，含み益は実現したものとして認識するが含み損については認識しないとした扱いであるが，完全清算の場合には，分配に係る当該資産について含み益及び含み損の額を認識することになる。

他方株主側は，株式の処分として一般の資本損益として株式に係る譲渡損益

の額を認識することになる（IRC 331(b)）。

したがって，当該分配額は一般の配当として扱われることはない。

2 例　外

① 子会社の清算

親会社が80％以上の株式を所有する子会社の完全清算については，親子会社を経済的実態として一つの主体とみなして，親会社及び子会社の両者とも当該分配財産に係る損益の額を認識しないこととなる（IRC 334(c)）。

② 抵当債務付の引受け

清算法人による分配財産の中には，分配財産の価額を超過する債務額（例えば分配財産に抵当債務が付されている場合等）の引受けについては，当該超過部分を清算法人に係る利得として認識することになる（IRC 334(c)）。

③ 清算法人に係る債務免除益

債務免除益は，原則として総益金の一部を構成し課税対象となる（IRC 61(a)）。

しかし，当該債務免除益が破産法11条（会社更生）又は支払不能時の債務免除益については，総収入に含まれない（IRC 108(a)）。

① 破産法11条による債務免除益

破産裁判所による破産法の判決に従って行われた債務免除の額は，清算法人の総所得から当該債務免除額を除外することができる（IRC 108(a)(1)(A)）。

② 債務超過の場合の債務免除益

破産にはならないが，債務超過である清算法人に係る債務免除額も総所得から除外することができる。

ただし，その額は債務超過の金額を超えることはできないとされている（IRC 108(a)(1)(B)）。

この場合の「債務超過の金額」とは，清算法人の債務が債務免除直前の資産の時価を超える額とされている。

すなわち，この規定は，清算法人が当該債務免除額により清算法人の正味財産を増加させた部分に限り債務免除益を認識することとして扱われている。

したがって，債務免除の後でも清算法人に正味財産の増加がない場合には当該債務免除の額は所得を認識しないとする扱いとされている。

3 日本と米国における清算所得課税の比較

1 日本の旧財産法による清算所得と米国の清算所得との比較

米国の清算所得は前述したとおり財産課税方式であるので，日本の改正後の損益方式としての清算課税ではその比較が著しく困難であるが，この方式も加えて，将来の日本における適正な清算所得課税を目指し，改正前の財産課税方式としての旧清算課税を追加して設例を設けて比較するものとする。

設例

(1) 清算時におけるA会社の財産は，土地6億円（簿価3億円）のみで負債及び資本関係は次のとおりである。

B／S　（単位：億円）

土　地	6	借入金	8
未処理損失	3	資本金	1

(2) 清算に際して，債務免除5億円を受け，土地は時価6億円で売却し，資本金払戻し1億円，残余財産の分配2億円を行った。なお，未処理損失の額3億円を期限切れ欠損金の額とする。

残余財産分配前B／S

（単位：億円）

現　金	6	借入金	3
		資本金	1
		剰余金	2

【日本方式の計算】

① 改正後の損益方式

(土地売却益3億円+債務免除益5億円)−(未処理損失3億円)
　　　　　　　益金の額8億円　　　　　　　　　　　期限切れ欠損金の額

＝清算所得5億円

② 改正前の財産方式

(現金6億円−借入金3億円)−資本金等の額1億円
　　　残余財産の価額3億円

＝清算所得2億円

【米国方式の計算】

土地評価益3億円+(債務免除総額5億円−債務超過額2億円)
　　　　　　　　　　　　　　　債務免除益3億円

＝清算所得6億円

2　比較の検討

　日本方式①は，担税力のない債務免除の額のすべてを益金の額として認識するところに当該方式の欠点があると判断される。また，株主に対して分配される剰余金の額2億円は他の利益配当も含めた別途の計算体系となる。

　日本方式②は，土地含み益3億円（残余財産相当額）から資本金等の額1億円を控除した2億円の額が清算所得に含まれているのと考えるので2億円の清算所得の額が生じる。これによる分配は，原則としてみなし配当として認識される（所法25①）。

　米国方式は，財産の正味増加額6億円を清算所得の額として認識し，財産の額から負債の額を控除した額を残余財産の分配額（本設例の場合は3億円）として当該金額を基に各株主が株式と引換えの額とした譲渡益（キャピタル・ゲイン）又は譲渡損（キャピタル・ロス）の計算を行うことになる。すなわち，米国方式は当該法人の正味財産の増加額のみを清算所得の額として認識し，残余財産の分配に係る損益については各株主の計算として，当該法人の清算所得の額から拠出資本等を控除しないところにその特色がある。

これら方式のいずれが清算所得の額として適切であるかは，以下に続く解説の成果に期待したいと思う。

【参考文献】
・　大塚正民著『キャピタル・ゲイン課税制度』有斐閣学術センター（2007年2月）
・　本庄資著『アメリカ法人税法講義』税務経理協会（2006年3月）
・　須田徹著『アメリカの税法』中央経済社（1998年10月）

第2章
解散・清算における法務及び労務

1 解散・清算における法務の概要

　平成22年度税制改正により，法人税法における清算所得課税制度が廃止され通常所得課税制度に移行した。この改正は，会社法の解散・清算制度に改正を加えずに法人税法のみの改正で行われたものである。

　解散・清算については，基本法である会社法が，残余財産を基とした財産計算であるのに対して，法人税法は，財産課税方式を放棄し，損益課税方式とする制度改正が行われた。この結果，実務上では，様々な混乱が生じているところである。

　会社法では，清算人は，清算株式会社の清算事業年度ごとに定時株主総会を開催し，貸借対照表・事務報告書を作成・提出し，その承認を受けなければならない（会法494，会規146，147）。一方，損益の額に係る損益計算及び株主等剰余金計算書の作成，提出，承認は除外されているのである。したがって，法人税法における「確定決算主義」をどのように考えるべきかという問題もあろう。そこで，まず，株式会社における清算の法律実務と一連の清算実務についてまとめたのち，順次，解散・清算の経理実務等や企業会計の関係について，実務上の問題点を中心に記していきたい。

　はじめに，清算事務手続の概要についてまとめてみた。法的な手続としては粛々と進めていくだけであるが，経理実務に含まれる様々な問題を整理していきたい。

Question 01　解散・清算の具体的な手続

会社の解散から，清算結了までの手続を説明してください。また，法人格はいつ消滅するのでしょうか。

Point

会社の法人格は解散によって直ちになくなるものではない。

Answer

1　意　義

株式会社の解散とは，その会社の法人格の消滅を生じさせる原因となる事実をいう。なお，合併の場合を除き，解散によって直ちに法人格が消滅するのではなく，解散後に行われる清算・破産手続の終了時に消滅する。つまり，会社の法人格は，解散により清算手続に移行し，清算の目的の範囲内で会社は存続することになる。清算事務が終了し，株主総会における決算報告の承認によって，清算は結了し，会社の法人格は消滅することになるが，清算事務の終了と株主総会の承認いずれが欠けても法人格は消滅しないことに留意する必要がある。

2　解散原因（会法471）

会社法が定める解散原因は，以下のとおりである。
① 定款で定めた存続期間の満了
② 定款で定めた解散事由の発生
③ 株主総会の特別決議（会法309②十一）
④ 合併（合併により当該株式会社が消滅する場合に限る）
⑤ 破産手続開始の決定
⑥ 会社の解散命令（会法824①）又は会社の解散判決（会法833①）

⑦　休眠会社のみなし解散（会法472）

　通常，企業は継続企業を前提として誕生しているので，①②⑥のケースはほとんどない。④⑤⑦も特殊ケースであり，③の株主総会の特別決議による解散が一般的な解散事由であろう。そこで，本稿では③の手続，いわゆる任意解散について記することとした。

3　解散の効果

　株式会社は，合併・破産を除き，解散により清算手続に入る。株式会社が解散した時は，合併，破産，解散を命ずる裁判又は休眠会社のみなし解散による場合を除き，代表清算人が，2週間以内にその本店所在地において解散の登記をしなければならない（会法926，976一）。

【図表2−1】

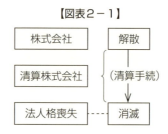

Question 02 清算株式会社の権利能力と実施手続

株式会社の解散決議後，清算の結了までに至る一連の清算事務について，説明してください。また，清算株式会社の行える行為については，制約がありますか。

Point

清算株式会社の権利能力は，清算の目的の範囲内に限られている。

Answer

1 意　義

清算とは，会社の法人格の消滅前に会社の現務を結了し，債権を取り立てて，債権者に対して債務を弁済し，株主に対して残余財産を分配する等の手続である（会法481）。

2 清算株式会社の権利能力

清算株式会社の権利能力は，清算の目的の範囲内に限定される（会法476）。清算人が目的の範囲外の行為をしたときは，効果は会社に帰属しない。以下，具体的な行為を列挙しておきたい。

1　効果が帰属する行為
　①　現務の結了のための取引行為
　②　無償で取得する場合その他法務省令で定める場合の自己株式の取得（会法509②，会規151）
　③　募集株式の発行等・社債の発行（会法108③，487②一，489⑥五）
　④　合併の消滅会社又は分割会社となること

2 効果が帰属しない行為
- ① 自己株式の取得（会法509①一）
- ② 株式移転・株式交換（会法509①三）
- ③ 合併の存続会社，吸収分割の承継会社となること
- ④ 剰余金の配当

③ 清算事務のスケジュール

　会社の解散から清算結了までに要する期間は，取引数や規模によって異なることになる。そこで，次頁にもっとも単純なスケジュール例を示すこととした。

【図表2-2】

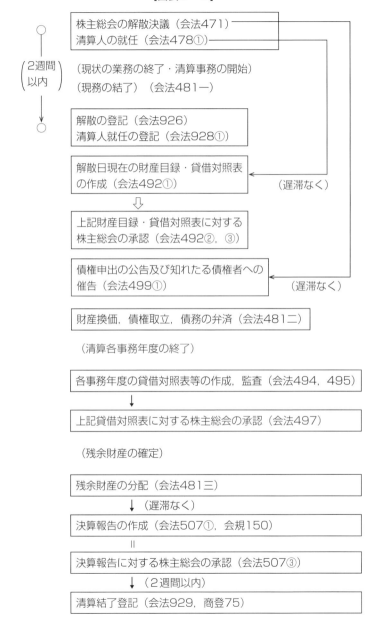

1 解散・清算における法務の概要

2 解散の法務手続

　会社の解散登記の依頼件数は，近年も依然として高い水準であるように感じられる。実際，ある調査会社の統計によると，日本全体の休廃業・解散件数は，2018年で２万3,026件（前年比5.6％減，前年２万4,400件）となり，過去10年すべてで２万件を大きく超えている。

　実際に司法書士の実務の現場でも，中小企業の後継者不足は深刻で，今後，後継者不足のため事業承継できずに会社を解散しなければならなくなるケースが，非常に増えてくると思われる。

　司法書士の実務の現場で，会社の解散についていつも痛感するのは，会社の設立や増資など，前向きな法手続については，会社の経営者はよく知っていても，会社を解散したり，清算したりといった後ろ向きなことは，あまりよく知らないということである。

　もちろん，会社経営者たるもの売上を伸ばし，会社を大きくすることが社会的な使命であるから，後ろ向きなことをよく知らないといえば，当然なことでもあろう。

　しかし，前述のとおり今後，不景気や後継者不足から事業の継続が困難な会社が増えていくことだろう。万一，そのような事態が生じたときでも慌てずに，会社の解散から清算までを円滑に進めていくための法的な手続を，時系列にして並べたので，参考にしていただきたい。

　また，本稿は，あくまでも実務者向けに執筆したので，可能な限り株主総会議事録や株主総会の招集通知等実務に役立つ書類のひな形を多数掲載した。その部分も参考にしていただきたいと切に希望するものである。

Question 03 株式会社の解散事由

株式会社の解散する場合とは，どのような場合があるのですか。

Point

株式会社の解散事由は，会社法471条により下記のように6種類が定められている。また，会社法472条に休眠会社のみなし解散が定められている。

Answer

以下の事由のうち①，②，⑥は，実務ではほとんど例がなく，④については，存続会社又は新設会社が消滅会社の権利義務の一切を包括承継するため，解散手続自体が存在しない。

① 定款で定めた存続期間の満了
② 定款で定めた解散事由の発生
③ 株主総会の決議
④ 合併（合併により当該株式会社が消滅する場合に限る）
⑤ 破産手続開始決定
⑥ 会社法824条（会社の解散命令）1項又は833条（会社の解散の訴え）1項の規定による解散を命ずる裁判
⑦ 会社法472条の規定により，当該株式会社に関する登記が最後にあった日から12年経過した会社で，登記官により職権で解散の登記がなされた株式会社

⑦は，解散といっても特殊な事例である。商法時代は，休眠会社のみなし解散の規定は，5年間登記していない会社に適用されていた。当時は，株式会社の取締役の任期が一律2年とされていたので，営業を行っている株式会社が5年間登記をしないことはあり得ないとされ，そのような会社は休眠会社とみなされていたのである。しかし，平成18年5月1日に会社法が施行され，非公開会社（発行するすべての株式に譲渡の制限を設けている会社）の取締役の任期が

2 解散の法務手続 27

最長10年に延長されたので，会社法になってからみなし解散をされる例が少なくなった。本質的な解散とは異なるため，ここでは解説を割愛する。

　また，⑤も破産手続に属するので，③の株主総会決議による解散（いわゆる任意解散）について解説していく。

Question 04　裁判所への解散の届出

以前は，会社が解散すると裁判所に届け出ていたのですが，今でも届出は必要ですか。

Point

必要はない。

Answer

　会社法が施行されてから，裁判所に届け出る制度は原則としてなくなったので，株主総会の決議によって会社が解散した場合には，特別な例外を除き，裁判所に届け出る必要はない。

Question 05 会社解散のための株主総会の決議

会社を解散するときの株主総会の決議とは，どのような決議ですか。

Point

株主総会で解散の決議をするには，いわゆる「特別決議」が必要である（会法309②十一）。

Answer

特別決議とは，当該株主総会において議決権を行使することができる株主の議決権の過半数（3分の1以上の割合を定款で定めた場合にあっては，その割合以上）を有する株主が出席し，出席した当該株主の議決権の3分の2（これを上回る割合を定款で定めた場合にあっては，その割合）以上に当たる多数をもって行わなければならない。もし，議決権を行使できる株主が全員出席した場合には，株主の議決権の3分の2以上の賛成が必要となり，非常に重い決議要件である。会社を解散するということは，会社及び株主にとってそれだけ重い決断ということである。

Question 06 株式会社の解散と清算結了

会社の解散と清算結了の違いを教えてください。

Point

会社が解散したからといって，会社の法人格が直ちに消滅するわけではない。

Answer

会社の解散は，あくまで今後営業活動を行わないというだけの話で，債権の取立てや債務の弁済，また，残余財産がある場合には，株主に対する残余財産の分配も残っている。清算結了とは，これらの一連の流れがすべて終了し，会社の貸借対照表上の数字（資産，負債及び純資産）がすべて0（ゼロ）になった状態で，かつ，株主総会による決算報告の承認決議がなされたときである。この承認決議の瞬間に，会社は法人格を失う。

Question 07 取締役・監査役・清算人とは何か

取締役，監査役及び清算人の役割を教えてください。

Point

取締役は事業の執行を，清算人は現務の結了を，監査役は取締役及び清算人の監督を行う。

Answer

会社が解散すると会社は営業することができなくなり，清算手続を行うことになる。清算人は，会社が解散した場合に，会社の営利を追求するのではなく，取締役に代わって清算事務を行う機関のことで，取締役と役割は大きく異なる。

会社法481条は，清算人の職務として，①現務の結了（会法481一），②債権の取立て及び債務の弁済（会法481二），③残余財産の分配（会法481三）の3つを挙げている。

また，「清算人は，その就任後遅滞なく，清算株式会社の財産の現況を調査し，財産目録及び貸借対照表を作成しなければならない」（会法492①）とされている。

一方，取締役はもともと営利を追求する会社の意思決定者及び業務執行者として，株主の委任により会社を経営するのであるから，会社が解散した場合は，取締役は当然に失職し，会社解散の登記がなされると取締役の氏名及び代表取締役の氏名・住所には下線が引かれ抹消される。

しかし，監査役は会社が解散しても当然には失職しない。監査役は業務監査や会計監査をしているので，会社が解散しても引き続き清算人の業務監査や会社の会計監査を続けることになる。また，会社が解散すると監査役の任期の定めはなくなる（会法480②，336）。

Question 08　清算人の選任方法

清算人はどのように選任されるのですか。

Point

通常は株主総会の決議によって選任される。

Answer

清算人には，次の3つの方法で就任又は選任される。

① 取締役（法定清算人）（会法478①一）
② 定款で定める者（会法478①二）
③ 株主総会の決議によって選任された者（会法478①三）

法定清算人とは，取締役であった者が会社解散と同時に自動的に就任する場合で，例えば，会社の解散決議はしたけれども清算人の選任をしなかった場合や Q03 ⑦で紹介した休眠会社のみなし解散（株式会社が12年間全く法人登記をしなかったときに，解散の擬制がなされ登記官の職権で解散登記がされる。会法472①）の場合などである。Q07 で紹介したとおり会社が解散すると取締役は自動的に失職してしまうが，そうすると会社の業務執行をする者が不在となってしまうため，このような場合には取締役であった者が自動的に清算人になることから，法定清算人と呼ばれる。また，法定清算人は，会社法が法定しているため，選任とは呼ばず就任という。法定清算人が実際に就任する例は少なく，会社が任意解散した場合，株主総会の決議により清算人が選任されることが多い。

②の定款で定める者というのも実務ではほとんどないので，紹介を割愛する。また実務では，ほぼ100％のケースにおいて，会社解散決議と同じ臨時株主総会で清算人選任の決議をするので，③にあるように，清算人は株主総会で選任されると考えておけばよい。

2　解散の法務手続　33

Question 09 会社解散から結了までの手続の順序及び必要期間

株式会社解散から会社結了までの法的手続の順序及び必要期間を教えてください。

Point

債権者への公告及び催告があるため最低2か月以上かかる。

Answer

株主総会の決議による解散及び清算結了までの法的手続の順序は下記のとおりである。

① 取締役会決議又は取締役の決定により，会社解散の及びその承認のための株主総会招集
② 株主総会による会社解散の特別決議による承認
③ 株主総会による清算人の選任（定款の定め又は法定清算人が就任する場合には，清算人選任が省略される場合もある。ただし，実務では，定款で清算人が定められていることはほとんどなく，法定清算人が就任する例も少ない）
④ 清算人による会社解散及び清算人選任の商業登記申請
⑤ 清算人による財産目録及び清算開始時の貸借対照表の作成
⑥ 清算開始時の貸借対照表の定時株主総会での承認
⑦ 債権申出の公告及び知れている債権者に対する催告。この期間は2か月を下ることはできない（会法499①）。会社が知らない債権者で申出をしない者は除斥される。
⑧ ⑦の公告及び催告期間満了後に債権者への弁済
⑨ 債権者への弁済後に，なお，会社に残余財産があれば株主への分配
⑩ 決算報告承認（清算結了）のための株主総会招集
⑪ 清算人作成の決算報告の株主総会の承認。この承認をもって会社の清算は結了し，会社は法人格を失う。

⑫　清算人による会社清算結了の登記申請

　上記のとおり，会社解散から清算結了までは，清算事務が数多くあり，また⑦の債権申出の公告及び知れている債権者に対する催告が必要なため，会社解散の日付から清算結了の日付まで最低でも2か月以上の期間がない場合には，清算結了の登記は却下される。

　したがって，会社を解散し清算結了するには，最低でも6か月程度の期間を要すると考えていた方がよい。

Question 10 会社解散の株主総会招集のための取締役会議事録と取締役決定書

会社解散の及びその承認のための株主総会招集の取締役会議事録又は取締役決定書とはどのようなものですか。

Point

会社の解散，清算人候補者及び株主総会の開催場所及び日時を決議し，その記載をしたものである。

Answer

会社が解散するには，まず，会社の執行機関である取締役会又は取締役の過半数の同意によって，会社の解散を決議し，さらに，株主総会の承認を得るために株主総会を招集しなければならない。

会社解散及び株主総会招集の取締役会議事録と取締役決定書の違いは，取締役会設置会社かそうでないかの違いである。取締役会設置会社であれば取締役会議事録，取締役会非設置会社であれば取締役決定書となる。

下記が会社解散及び株主総会招集の取締役会議事録並びに取締役決定書のひな形である。参考にしていただければと思う。

【会社解散及び株主総会招集の取締役会議事録】

取締役会議事録

　令和〇〇年〇月〇日午前１０時００分，当会社本店会議室において，取締役会を開催した。
　定刻に，代表取締役甲野太郎が議長席につき，開会を宣し，次のとおり定足数にたる取締役の出席があったので，本取締役会は適法に成立した旨を告げた。

　　取　締　役　総　数　　　　３名
　　本日の出席取締役数　　　　３名
　　監　査　役　総　数　　　　１名
　　本日の出席監査役数　　　　１名

　第１号議案　当会社解散の件

　議長は，最近の営業状況を詳細に説明し，当会社を解散せざるを得なくなった事情を述べた。
　議長が，その賛否を議場に諮り慎重に審議した結果，満場一致でこれを承認し確定した。
　よって，議長は，原案のとおり承認可決された旨を宣した。

　第２号議案　清算人選任の件

　議長は，下記の者を清算人として選任したい旨を述べ，その承認を求めたところ，満場一致をもってこれを承認可決した。
　　　　清算人　甲野太郎

　第３号議案　臨時株主総会招集の件

　議長は，当会社の解散の件につき，株主総会の承認を得るため，下記の要領で臨時株主総会を開催したい旨の説明をし，その承認を求めたところ，満場一致をもってこれを承認可決した。
　よって，議長は，原案のとおり可決された旨を宣した。

記
1. 日時　令和○○年○月○日　午前１０時００分
2. 場所　東京都中央区東銀座一丁目１番１号
　　　　　株式会社ＡＢＣ商事　本店会議室
3. 株主総会の目的事項及び議案の概要
　　第１号議案　　当会社解散の件
　　第２号議案　　甲野太郎を清算人に選任する件

以上をもって本日の議事が終了したので，議長は午前１０時３０分閉会を宣した。

以上の決議を明確にするため，本議事録を作成し，出席取締役及び出席監査役全員が次に記名押印する。

令和○○年○月○日

　　　株式会社ＡＢＣ商事
　　　　　議長　出席代表取締役　甲野太郎　㊞
　　　　　　　　出席取締役　　　乙野次郎　㊞
　　　　　　　　出席取締役　　　丙野三郎　㊞
　　　　　　　　出席監査役　　　丁野四郎　㊞

【会社解散及び株主総会招集の取締役決定書】

取締役決定書

　令和○○年○月○日，当会社本店会議室において，当会社の取締役は全員一致をもって，次の事項につき決定した。

　決定事項(1)　当会社解散の件

　最近の営業状況を詳細に分析した結果，当会社の解散もやむを得ないということになり，当会社を解散することを決定した。

　決定事項(2)　清算人選任の件

　当会社の解散に伴い，清算人を選任する必要があるところ，次の者を清算人として選任することを決定した。
　　　　　清算人　甲野太郎

　決定事項(3)　臨時株主総会招集の件

　当会社の解散の件につき，株主総会の承認を得るため，下記の要領で臨時株主総会を開催することを決定した。
　　　　　　　　　　　　　　　記
　　１．日時　令和○○年○月○日　午前１０時００分
　　２．場所　東京都中央区東銀座一丁目１番１号
　　　　　　　株式会社ＡＢＣ商事　本店会議室
　　３．株主総会の目的事項及び議案の概要
　　　　第１号議案　　当会社解散の件
　　　　第２号議案　　甲野太郎を清算人に選任する件

　以上の決定を明確にするため，本決定書を作成し，出席取締役全員が次に記名押印する。

　　　令和○○年○月○日

　　　　株式会社ＡＢＣ商事
　　　　　　代表取締役　甲野太郎　㊞

Question 11 会社解散の株主総会の招集通知

会社解散を決議する株主総会の招集通知とはどのようなものですか。また，招集通知はいつまでに株主に発するのですか。

Point

株主に株主総会で審議する議案について熟慮させるために送付されるもの。株式会社の機関設計等により発する期日は異なる。

Answer

株主総会は，会社の最高の意思決定機関とされており，会社を解散する場合には，必ず，株主総会の特別決議による承認を得る必要がある（会法309②十一）。そして，株主に解散の決議をするための情報を提供するために会社法の定める時期までに各株主に書面（取締役会非設置会社であれば口頭でも可）で通知しなければならない（会法299②二）。この通知のことを，株主総会の招集通知という。この招集通知には，株主総会の目的事項（会社解散）及び議案の概要（清算人の選任），株主総会の開催期日及び場所が記載される（会法298①一・二・五，会規63七イ）。事前に各株主に議案の概要を知らせるのは，株主総会までに各株主に熟慮してもらうためである。

また，株主総会の招集期間は，公開会社（株式の譲渡制限がない会社）であれば2週間前，非公開会社で取締役会設置会社であれば1週間前，非公開会社でかつ取締役会非設置会社であれば1週間前，又は定款で定めた期間が1週間を下回る期間の場合にはその前までに，各株主に対してその通知を発しなければならない（会法299①）。

以下が，株主総会の招集通知ひな形である。

【株主総会招集通知(1)】

令和○○年○月○日

株主各位

東京都中央区東銀座一丁目1番1号
株式会社ＡＢＣ商事
代表取締役　甲野太郎

臨時株主総会招集のご通知

拝啓　ますますご清栄のこととお慶び申し上げます。
　さて，当社臨時株主総会を下記のとおり開催いたしますので，ご出席くださいますようご通知申し上げます。
　なお，当日ご出席願えない場合は，同封の委任状にご署名ご捺印の上，当社宛にご返送くださいますようお願い申し上げます。代理人を白紙のままご提出いただいた場合は当社代表取締役甲野太郎に委任したものとして取扱いいたします。

敬具

記

1．日　　時　　令和○○年○月○日（○曜日）　午前１０時００分
2．場　　所　　東京都中央区東銀座一丁目1番1号
　　　　　　　　当会社本店会議室
3．目的事項及び議案の概要

決議事項

第1号議案　　当会社解散の件

　　　当会社が解散することにつきまして，ご審議及びご承認を賜りたいと存じます。

第2号議案　　甲野太郎氏を清算人に選任する件

　　　第1号議案が承認された場合には，新たに清算人を選任する必要がございます。清算人の選任につきまして，ご審議及びご承認を賜りたいと存じます。清算人候補者は，次のとおりです。

　　　　清算人　甲野太郎氏

【株主総会招集通知(2) 委任状】

委 任 状

私は，＿＿＿＿＿＿＿＿＿＿＿を代理人と定め，下記の権限を委任します。

　令和〇〇年〇月〇日開催の株式会社ＡＢＣ商事臨時株主総会並びにその継続会又は延会に出席し，議決権を行使すること，及び原案に対し修正案を提出された場合につき，いずれも白紙委任します。

以上

　　　令和〇〇年〇月〇日
　　　株主様のご住所・お名前
　　　ご住所　＿＿＿＿＿＿＿＿＿＿＿＿＿＿＿＿＿＿＿
　　　お名前　＿＿＿＿＿＿＿＿＿＿＿＿＿＿＿＿＿　印
　　　持株数　＿＿＿＿＿＿＿株

※　当会社定款第〇〇条の規定により，代理人は，当会社の議決権を有する株主に限定されております。
※　代理人の氏名が空欄の場合には，当会社の株主である株式会社ＡＢＣ商事代表取締役甲野太郎を代理人に指定したものとみなします。

Question 12　株主総会の招集期間が短い場合又は発せられなかった場合

株主総会の招集期間が会社法299条１項より短い場合や，招集通知が一部の株主に発せられなかった場合には，どうなるのですか。

Point

株主総会の決議の取消しの原因となり得る。

Answer

株主総会の招集期間が会社法299条１項より短い場合や，通知が一部の株主に発せられなかった場合には，会社法831条１項１号により，決議取消しの訴えの対象となる。決議取消しの訴えは，株主総会の決議の日から３か月以内に（会法831柱書），会社の本店所在地を管轄する地方裁判所に提訴しなければならない（会法835）。したがって，ご質問のように招集期間が会社法299条１項より短い場合や，一部の株主に発せられなかった場合でも，株主が株主総会の決議から３か月以内に，会社の本店所在地を管轄する地方裁判所に提訴しなければ，株主総会の決議の瑕疵は治癒され完全に有効な決議として確定する。また，株主が上記の期間に管轄裁判所に提訴した場合であっても，裁判所がその違反する事実が重大でなく，かつ，決議に影響を及ぼさないと認めるときは，株主の請求を棄却することができる（会法831②）。このことを「裁判所による裁量棄却」と呼んでいるが，これは，無用な裁判を起こさせないためである。なお，あまりにも多くの株主に招集通知が発せられなかった場合には，株主総会の決議の不存在又は無効の確認の訴え（会法830）の対象となる可能性がある。この株主総会の決議の不存在又は無効の確認の訴えは，訴えの期間が定められておらず，決議自体が完全に有効となることはないので，充分に注意する。

いずれにせよ，株主総会の招集通知は，株主の議決権行使に重大な影響を及ぼすと考えられているので，余裕をもって発しておくとよい。

Question 13 会社解散の株主総会議事録の記載事項

会社が解散する場合（清算人選任を含む）の株主総会議事録の記載事項を教えてください。

Point

株主総会の議事録の記載事項は会社法施行規則72条に定められている。

Answer

会社解散の株主総会議事録には，下記の事項を記載しなければならない。

① 株主総会が開催された日時及び場所（会規72③一）
② 株主総会の議事の経過の要領及びその結果（会規72③二）
③ 株主総会に出席した取締役，監査役等の氏名（会規72③四）
④ 株主総会の議長の氏名（会規72③五）
⑤ 議事録を作成した取締役の氏名（会規72③六）

会社解散の決議は，Q05 でご紹介したとおり，いわゆる「特別決議」が必要である（会法309②十一）。特別決議とは，当該株主総会において議決権を行使することができる株主の議決権の過半数（3分の1以上の割合を定款で定めた場合にあっては，その割合以上）を有する株主が出席し，出席した当該株主の議決権の3分の2（これを上回る割合を定款で定めた場合にあっては，その割合）以上に当たる多数をもって行わなければならない。

したがって，「株主の大多数が賛成した」というような曖昧な表現の場合には，会社解散登記ができなくなるので，「出席した株主の議決権の3分の2以上の多数をもって承認可決した」又は「満場一致をもって承認可決した」と，特別決議が可決したことを明確にしておかなければならない。

また，清算人を選任し，その登記をする場合には，原則として清算人の就任承諾書を登記申請書に添付する必要があるが，清算人が株主総会に出席していて，かつ，選任後即時に当該株主総会において就任承諾の意思を表明し，その

ことが株主総会議事録に明記されている場合には，就任承諾書の添付が省略できる。

　この記載方法も下記の株主総会議事録のひな形に載せるので，参考にしていただきたい。

【株主総会議事録（会社解散及び清算人選任の議事録）】

臨時株主総会議事録

1．日　　　時：令和○○年○月○日
　　　　　　　午前１０時００分から午前１０時３０分
2．場　　　所：当会社本店会議室
3．出　席　者：発行済株式総数　　　　　　　　２００株
　　　　　　　この議決権を有する総株主数　　　１０名
　　　　　　　この議決権の総数　　　　　　　２００個
　　　　　　　本日出席株主数（委任状出席を含む）　８名
　　　　　　　この議決権の個数　　　　　　　１８０個
4．議　　　長：代表取締役　甲野太郎
5．出席役員：取締役兼清算人　甲野太郎　　取締役　　乙野次郎
　　　　　　　取　締　役　丙野三郎
　　　　　　　監　査　役　丁野四郎
6．会議の議案の概要並びに議事の経過の要領及び結果：
　　議長は，開会を宣し，上記のとおり定足数に足る株主の出席があったので，本総会は適法に成立した旨を述べ，議案の審議に入った。

　第１号議案　当会社解散の件

　議長は，最近の営業状況を詳細に説明し，当会社を解散せざるをえなくなった事情を述べた。
　議長が，その賛否を議場に諮ったところ，満場一致をもってこれに賛成した。
　よって，議長は，原案のとおり本日をもって解散することに可決された旨を宣した。

第2号議案　清算人選任の件

　議長は，清算人を選任したい旨を述べ，その選任方法を諮ったところ，出席株主の中より，その選任方法は議長の指名に一任したい旨の発言があり，その賛否を諮ったところ，一同これに賛成した。
　議長は，次の者を指名し，その承認を求めたところ，満場一致をもってこれを承認した。
　よって，議長は，次のとおり選任することに可決された旨を宣した。
　　　　清算人　甲野太郎
なお，被選任者は，その就任を承諾した。

　以上をもって本日の議事が終了したので，議長は閉会を宣した。

　上記決議を明確にするため，本議事録を作成し，議事録作成者が次に記名押印する。

　　　令和〇〇年〇月〇日

　　　　株式会社ＡＢＣ商事
　　　　　議事録作成者　代表清算人　甲野太郎　㊞

Question 14　書面会議による株主総会決議

当社の完全親会社が外国の会社ですので，株主総会を開催せずに，書面によるみなし決議で行いたいのですが，どうすればいいですか。

Point

株主の全員の同意があれば書面決議を行うことができる。

Answer

会社法319条1項に「取締役又は株主が株主総会の目的である事項について提案をした場合において，当該提案につき株主（当該事項について議決権を行使することができるものに限る。）の全員が書面又は電磁的記録により同意の意思表示をしたときは，当該提案を可決する旨の株主総会の決議があったものとみなす。」という，いわゆるみなし決議規定がおかれている。会社解散及び清算人の選任についてもこの規定により，書面決議を行うことはもちろん可能である。この決議の流れは下記のとおりである。

① 取締役会又は取締役の過半数の一致により，書面によるみなし決議で会社解散及び清算人の選任を行うことを決議する。
② 代表取締役が，全株主に対して会社の解散及び清算人の選任の決議を書面によるみなし決議で行う旨及び議案（会社解散及び清算人選任）を書面で提案する。
③ 全株主が，その提案を同意する旨を，書面で会社に通知する。
④ 最後の株主から同意書が会社に到着したときに，その議案は決議されたものとみなされる。

株主の同意書は，取締役が作成し，提案書と一緒に全株主に送付し，株主は送付されてきた同意書に署名捺印し，会社に返送するのである。

この書面によるみなし決議は，議決権を多く保有する株主が，病気や海外在住で株主総会に出席できないような場合，又は株主全員の同意が得られること

が明白で，株主総会を開催するまでもない場合に非常に有効な手段であるので，是非活用するとよい。

なお，このみなし決議の場合には，Q13のように株主総会が実際に開かれるわけではないので，登記申請書に清算人の就任承諾書を必ず添付することになる。

【会社解散及び清算人の選任を書面決議で行うことを決議した取締役会議事録】

取締役会議事録

　令和○○年○月○日午前10時00分，当会社本店会議室において，取締役会を開催した。
　定刻に，代表取締役甲野太郎が議長席につき，開会を宣し，次のとおり定足数に足る取締役の出席があったので，本取締役会は適法に成立した旨を告げた。

　　取　締　役　総　数　　　3名
　　本日の出席取締役数　　　3名
　　監　査　役　総　数　　　1名
　　本日の出席監査役数　　　1名

　議案　株主総会の決議の省略の件

　議長は，会社法第319条第1項の規定により，下記の事項に関する株主総会の決議を省略したい旨を述べ，その理由を詳細に説明した。
　議長が，その賛否を議場に諮り慎重に審議した結果，満場一致でこれを承認し確定した。
　よって，議長は，原案のとおり承認可決された旨を宣した。

　　　　　　　　　　　　　　記
　　　　　決議事項
　　　　　　　第1号議案　　当会社解散の件
　　　　　　　第2号議案　　清算人選任の件

　以上をもって本日の議事が終了したので，議長は午前10時30分閉会を宣した。

以上の決議を明確にするため，本議事録を作成し，出席取締役及び出席監査役全員が次に記名押印する。

　　令和○○年○月○日

　　　株式会社ＡＢＣ商事
　　　　議長　出席代表取締役　甲野太郎　㊞
　　　　　　　出席取締役　　　乙野次郎　㊞
　　　　　　　出席取締役　　　丙野三郎　㊞
　　　　　　　出席監査役　　　丁野四郎　㊞

【会社解散及び清算人の選任を書面決議で行うことを決議した取締役の決定書】

取締役決定書

　令和○○年○月○日，当会社本店会議室において，当会社の取締役は全員一致をもって，次の事項につき決定した。

　　決定事項　株主総会の決議の省略の件

　議長は，会社法第３１９条第１項の規定により，下記の事項に関する株主総会の決議を省略することを決定した。

記

　　決議事項
　　　第１号議案　　当会社解散の件
　　　第２号議案　　清算人選任の件

　以上の決定を明確にするため，本決定書を作成し，出席取締役が次に記名押印する。

　　令和○○年○月○日

　　　株式会社ＡＢＣ商事
　　　　代表取締役　甲野太郎　　㊞

【取締役の提案書】

令和○○年○月○日
株主各位

東京都中央区東銀座一丁目1番1号
株式会社ＡＢＣ商事
代表取締役　甲野太郎

臨時株主総会に関するご提案

拝啓　ますますご清栄のこととお慶び申し上げます。
　さて，臨時株主総会につき，下記のとおり会社法第３１９条第１項に従い，株主総会の目的である事項についてご提案いたします。つきましては，下記につきご検討いただき，添付の同意書にご記入ご捺印の上，令和○○年○月○日までにご返送くださいますようお願い申し上げます。

敬具

記

目的事項（決議事項）
　第１号議案　当会社解散の件
　　当会社の最近の営業状況を考慮すると，当会社を解散せざるを得なくなったため，令和○○年○月○日をもって当会社を解散する。

　第２号議案　清算人選任の件
　　令和○○年○月○日をもって当会社が解散することに伴い，従来の取締役とは別に清算人を選任することとし，次の者を清算人として選任する。
　　　　　清算人　甲野太郎

【株主の同意書】

株主総会決議事項についての会社提案に対する同意書

令和〇〇年〇月〇日
株式会社ＡＢＣ商事　御中

（株主住所）　東京都中央区東銀座四丁目４番４号

（株主氏名）　　　　戊野　四郎　　　㊞
議案の議決権：あり（２００）個

　私は，会社法第３１９条第１項の規定に基づき，令和〇〇年〇月〇日付貴社「臨時株主総会に関するご提案書」により提案を受けた下記の事項について，同意します。なお，ご提案の議案に関する私の議決権の状況は上記のとおりです。

記

目的事項（決議事項）
　第１号議案　当会社解散の件
　　当会社の最近の営業状況を考慮すると，当会社を解散せざるを得なくなったため，令和〇〇年〇月〇日をもって当会社を解散する。

　第２号議案　清算人選任の件
　　令和〇〇年〇月〇日をもって当会社が解散することに伴い，従来の取締役とは別に清算人を選任することとし，次の者を清算人として選任する。
　　　　清算人　甲野太郎

【みなし決議の株主総会議事録】

臨時株主総会議事録

1. 株主総会の決議があったものとみなされた日　　　令和〇〇年〇月〇日
2. 株主総会の決議があったものとみなされた事項の提案者
　　　代表取締役　甲野太郎
3. 議決権を行使することができる株主の総数　　　　　　　　１名
　　議決権を行使することができる株主の議決権の数　　　　２００個
4. 株主総会の決議があったものとみなされた事項の内容
　第１号議案　当会社解散の件
　　　当会社の最近の営業状況を考慮すると，当会社を解散せざるを得なくなったため，令和〇〇年〇月〇日をもって当会社を解散する。
　第２号議案　清算人選任の件
　　　令和〇〇年〇月〇日をもって当会社が解散することに伴い，従来の取締役とは別に清算を選任することとし，次の者を清算人として選任する。
　　　　　清算人　甲野太郎

　令和〇〇年〇月〇日付で代表取締役　甲野太郎が当会社の株主全員に対して上記議案について提案書を発し，当該提案につき，令和〇〇年〇月〇日までに株主全員から書面により同意の意思表示を得たので，会社法第３１９条第１項に基づき，当該提案を可決する旨の株主総会の決議があったものとみなされた。

　上記のとおり，株主総会の決議の省略を行ったので，株主総会の決議があったものとみなされた事項を明確にするため，本議事録を作成し，議事録作成者が次に記名押印する。

　　令和〇〇年〇月〇日

　　　株式会社ＡＢＣ商事　臨時株主総会議事録
　　　　議事録作成者　代表清算人　甲野太郎　㊞

【清算人の就任承諾書】

就 任 承 諾 書

　私は，令和〇〇年〇月〇日付，会社法第３１９条第１項に基づく臨時株主総会のみなし決議において，清算人に選任されましたので，その就任を承諾します。

　　令和〇〇年〇月〇日

　　　　住　所　東京都中央区東銀座二丁目２番２号
　　　　氏　名　甲野太郎　㊞

　　　　　　　　　　　　　　　　　株式会社ＡＢＣ商事　御中

3 清算の法務手続

　会社が株主総会の特別決議によって解散し，清算人が選任されるといよいよ会社の精算事務が本格的に始まる。多くの経営者にとっては，未知の世界であろう。

　清算人の第一の仕事は，会社の解散及び清算人選任の登記申請である。

　ここで注意しなければならないのは，株式会社の解散及び清算人の選任の登記申請には，常に，「定款」が必要となるということである。歴史が長い会社では，稀に，定款そのものがなくなってしまっているケースもある。こういう場合には，解散を決議する株主総会で定款変更して新しい定款を作成しなければならない。

　時間的な余裕があれば，清算人自身で解散及び清算人選任の登記申請を行うこともできるが，時間的な余裕がない場合には，司法書士に相談することをお勧めする。

Question 15 会社解散及び清算人選任の登記の登録免許税額

会社解散及び清算人選任の法人登記の登録免許税額を，教えてください。

Point

合計で39,000円である。

Answer

　会社解散及び清算人選任の法人登記申請書の登録免許税額は，本店所在地では，会社解散が申請件数1件につき30,000円（登録免許税法別表第一　二十四㈠㈹の区分），清算人選任が申請件数1件につき9,000円（登録免許税法別表第一　二十四㈣㈶の区分）である。

　また，支店所在地においては，会社解散及び清算人選任は，登記事項ではないので，登記申請することはない。

【会社解散及び清算人選任の法人登記申請書】

```
　　　　　　　　株式会社解散・清算人登記申請書

1．商　　　号　　株式会社ＡＢＣ商事
　（会社番号　〇〇〇〇－〇〇－〇〇〇〇）

1．本　　　店　　東京都中央区東銀座一丁目1番1号

1．登記の事由　（1）　解散
　　　　　　　（2）　令和〇〇年〇月〇日清算人選任
```

1．登記すべき事項
　　　　　　(1) 令和○○年○月○日株主総会の決議により解散
　　　　　　(2) 清算人の氏名
　　　　　　　　　甲野太郎
　　　　　　　　代表清算人の住所氏名
　　　　　　　　　東京都中央区東銀座２丁目２番２号
　　　　　　　　　甲野太郎

1．登録免許税　　金３万９０００円
　　　　　　　　内　　訳
　　　　　　　　解　　散　金３万円
　　　　　　　　選　　任　金９０００円

1．添付書類
　　　　　　　　定　　款　　　　　　　　　　１通
　　　　　　　　株主総会議事録　　　　　　　１通
　　　　　　　　就任の承諾を証する書面
　　　　　　　　　　議事録の記載を援用する
　　　　　　　　株主リスト　　　　　　　　　１通
　　　　　　　　委　任　状　　　　　　　　　１通

　上記のとおり登記の申請をする。

　　令和○○年○月○日

　　　　　　　東京都中央区東銀座一丁目１番１号
　　　　　　　申　請　人　株式会社ＡＢＣ商事

　　　　　　　東京都中央区東銀座二丁目２番２号
　　　　　　　代表清算人　甲野太郎

　　　　　　　東京都中央区東銀座三丁目３番３号
　　　　　　　上記代理人　司法書士　山田太郎　㊞
　　　　　　　　電話番号　03－＊＊＊＊－＊＊＊＊

　東京法務局　御中

Question 16 会社解散及び清算人選任の登記申請書の添付書類

会社解散及び清算人選任の登記申請書の添付書類を，教えてください。

Point

常に必要なものは株主総会議事録，定款及び株主リストである。

Answer

　会社解散及び清算人選任の登記申請書の添付書類は，下記のとおりである。なお，登記申請の添付書類は，法定清算人，定款で定めた清算人，株主総会で選任した清算人の場合に，違ってくる。ここでは，実務で最も多い株主総会で清算人を1名選任（清算人会を設置しない場合）した場合の添付書類を紹介する。
① 株主総会議事録
② 清算人の就任承諾書（ただし，清算人が当該株主総会に出席し，その席上で，就任承諾をしている場合には，省略可能）
③ 定款
④ 株主リスト
⑤ 委任状（司法書士等に登記申請の代理を委任した場合）

　会社解散及び清算人選任の登記申請書に定款を添付するのは，清算人会を置く定めがあるかどうかを，登記所で確認するためである。したがって，定款に清算人会を設置する旨の記載があれば，清算人会を設置しなければならない。

　一方，定款に清算人会を設置する旨の規定がなければ，清算人会を設置することはできない。実務上，中小企業で清算人会を設置することは，非常に稀である。また，この定款には，代表清算人が，現在の清算会社の定款である旨の認証をする必要がある。

　なお，会社解散及び清算人選任の登記申請書の添付書類ではないが，実務では，上記の書類以外に⑥代表清算人の印鑑届出書（代表清算人の個人の印鑑証明書付のもの）を同時に提出する。

3　清算の法務手続

商業登記法上では，この印鑑届出書は，「あらかじめ登記所に提出しなければならない」（商登20①前段）と規定されているが，実務では，会社解散及び清算人選任の登記申請書と同時にこの印鑑届出書を提出する。

印鑑（改印）届書

※ 太枠の中に書いてください。

××（地方）法務局　△△　支局・出張所　　　令和○○年 ○月 ○日 申請

（注1）（届出印は鮮明に押印してください。）

印鑑提出者	商号・名称	株式会社ABC商事
	本店・主たる事務所	東京都中央区東銀座一丁目1番1号
	資格	代表取締役・取締役・代表理事 理事・（代表清算人　　　）
	氏名	甲野太郎
	生年月日	大・㊼・平・西暦○○年 ○月 ○日生
	会社法人等番号	

（注2）
□ 印鑑カードは引き継がない。
□ 印鑑カードを引き継ぐ。
印鑑カード番号 ****-****
前任者　甲野太郎

届出人（注3）　□ 印鑑提出者本人　　□ 代理人

住所　東京都中央区東銀座三丁目3番3号
フリガナ
氏名　司法書士　山田太郎

（注3）の印

委任状

私は，(住所) 東京都中央区東銀座三丁目3番3号
　　　(氏名) 司法書士　山田太郎
を代理人と定め，印鑑（改印）の届出の権限を委任します。
　令和○○年 ○月 ○日
住所　東京都中央区東銀座二丁目2番2号
氏名　甲野太郎　　　　　　　　　　印 ［市区町村に登録した印鑑］

□ 市区町村長作成の印鑑証明書は，登記申請書に添付のものを援用する。（注4）

(注1)　印鑑の大きさは，辺の長さが1cmを超え，3cm以内の正方形の中に収まるものでなければなりません。
(注2)　印鑑カードを前任者から引き継ぐことができます。該当する□にレ印をつけ，カードを引き継いだ場合には，その印鑑カードの番号・前任者の氏名を記載してください。
(注3)　本人が届け出るときは，本人の住所・氏名を記載し，**市区町村に登録済みの印鑑**を押印してください。代理人が届け出るときは，代理人の住所・氏名を記載，押印（認印で可し）に，委任状に所要事項を記載し，本人が**市区町村に登録済みの印鑑**を押印してください。
(注4)　この届書には作成後3か月以内の**本人の印鑑証明書**を添付してください。登記申請書に添付した印鑑証明書を援用する場合は，□にレ印をつけてください。

印鑑処理年月日					
印鑑処理番号	受付	調査	入力	校合	

【定款の認証文】

下記の定款認証文を既存の定款に合綴(がってつ)した上で，契印をして代表印を押印する。

上記は，当会社の定款に相違ありません。

　　　　令和○○年○月○日

　　　　　　東京都中央区東銀座一丁目1番1号
　　　　　　株式会社ＡＢＣ商事
　　　　　　代表清算人　甲野太郎　㊞

【商業登記委任状】

委　任　状

　住所　東京都中央区東銀座三丁目3番3号
　氏名　山田太郎

　私は，上記の者を代理人と定め，次の権限を委任します。

1．解散の登記申請に関する一切の件
1．次の者が清算人となったのでその登記申請に関する一切の件
　　　東京都中央区東銀座二丁目2番2号
　　　清算人　甲野太郎
1．原本還付請求及び受領に関する一切の件
1．登記申請の取下げ，登録免許税又は手数料の還付又は再使用証明の手続及びその受領に関する一切の件

　　　令和○○年○月○日

　　　　　東京都中央区東銀座一丁目1番1号
　　　　　株式会社ＡＢＣ商事
　　　　　代表清算人　甲野太郎　㊞

3　清算の法務手続

【株主リスト】

証　明　書

　令和○○年○月○日付の臨時株主総会の各議案につき，総議決権数（各議案につき，議決権を行使することができるすべての株主の有する議決権の数の合計をいう。以下同じ）に対する株主の有する議決権（各議案につき議決権を行使できるものに限る。以下同じ）の数の割合が高いことにおいて上位となる株主であって，次の①と②の人数のうち少ない方の人数の株主の氏名又は名称及び住所，当該株主のそれぞれが有する株式の数及び議決権の数並びに当該株主のそれぞれが有する議決権の数に係る当該割合は，次のとおりであることを証明します。
　①　10名
　②　その有する議決権の数の割合をその割合の多い順に順次加算し，その加算した割合が3分の2に達するまでの人数
　なお，本株主総会における各議案につき，本証明書に記載した内容はすべて同一です。

	氏名又は名称	住　　所	株式数（株）	議決権数（個）	議決権数の割合（％）
1	甲野太郎	東京都中央区東銀座二丁目2番2号	780	780	52.0
2	乙野次郎	東京都中央区東銀座三丁目3番3号	350	350	23.3
3	丙野三郎	東京都中央区東銀座四丁目4番4号	350	350	23.3
		合　　計		1,480	98.7
		総議決権数		1,500	

　令和○○年○月○日

　　　東京都中央区東銀座一丁目1番1号
　　　株式会社ＡＢＣ商事
　　　代表清算人　甲野太郎　　　（会社実印）

Question 17　会社解散後の履歴事項全部証明書の記載内容

　会社解散及び清算人選任の登記は，履歴事項全部証明書（いわゆる商業登記簿）にどのように記載されるのですか。

Point

　清算人の氏名，代表清算人の氏名，住所及び解散の旨が登記される。

Answer

　会社解散及び清算人選任の登記がなされると，会社が解散した原因及びその年月日が会社状態区に，清算人の氏名，代表清算人の氏名及び住所が役員区に登記される。清算人が選任された日（解散した日）は登記されないので，注意すべきである。

　また， Q 07 で述べたように取締役及び代表取締役並びに取締役会設置会社である旨の登記に下線が引かれ，登記官の職権で抹消される。以下は，履歴事項全部証明書の記載例である。

【会社解散及び清算人選任の登記後の履歴事項全部証明書の記載例（抜粋）】

履歴事項全部証明書

株式の譲渡制限に関する規定	当会社の株式を譲渡により取得するには，株主総会の承認を要する。	
役員に関する事項	取締役　　　甲　野　太　郎	令和〇〇年　〇月〇日重任
		令和〇〇年　〇月〇日登記
	取締役　　　乙　野　次　郎	令和〇〇年　〇月〇日重任
		令和〇〇年　〇月〇日登記
	取締役　　　丙　野　三　郎	令和〇〇年　〇月〇日重任
		令和〇〇年　〇月〇日登記
	東京都中央区東銀座二丁目2番2号 代表取締役　　甲　野　太　郎	令和〇〇年　〇月〇日重任
		令和〇〇年　〇月〇日登記
	清算人　　　　甲　野　太　郎	
		令和〇〇年　〇月〇日登記
	東京都中央区東銀座二丁目2番2号 代表清算人　　甲　野　太　郎	
		令和〇〇年　〇月〇日登記
	監査役　　　　丁　野　四　郎	令和〇〇年　〇月〇日重任
		令和〇〇年　〇月〇日登記
取締役会設置会社に関する事項	取締役会設置会社	
監査役設置会社に関する事項	監査役設置会社	
解　　散	令和〇〇年〇月〇日株主総会の決議により解散 　　　　　　　　　令和〇〇年　〇月　〇日登記	

4　残余財産の確定と分配

　清算人としては，まず，会社の資産，負債及び純資産を確定するために，会社の財務状況を正確に把握する必要がある。

　そして，財産目録を作成し，定時株主総会を招集して，貸借対照表を確定させなければならない。また，債権者を確定するために官報で，会社解散の旨と公告の日から2か月以内に債権の申出をしなかった債権者は，債権者から除斥する旨を公告しなければならず，かつ，会社の知っている債権者には，催告書を送付しなければならない。

　清算事務，特に弁済には，気を付けなければならないことがある。詳しい説明は後述するが，会社の債権者が確定する前に，つまり，解散公告掲載の日から2か月を経過する前に会社の債務を弁済してしまうと，「偏波弁済」といって，弁済を否認されることもあるから充分に注意する。

　会社の債権の取立てはいつでも可能であるから，会社解散後には速やかに債権回収をすべきであろう。

　そして，債権者が確定してから会社の債務を弁済し，なお，残余財産があれば，株主に対し持株比率に応じて，残余財産を分配し，貸借対照表上の資産，負債及び純資産がすべてゼロとなり，株主総会で，決算報告の承認を受けたときに株式会社はその法人格を失って清算は結了する。

Question 18　会社解散時の財産目録及び清算開始の貸借対照表

清算人が作成する財産目録及び清算開始時の貸借対照表とは，どのようなものですか。

Point

会社が解散した日時点の会社の財産の内容と財務内容を表すものである。

Answer

清算人が作成する財産目録及び清算開始時の貸借対照表とは，株式会社が株主総会で解散決議をした日時点，つまり清算開始時のものを作成しなければならない（会法492①，会規144，会規145，会法475一）。

以下にそのひな形を，記載する。

【財産目録及び清算開始時の貸借対照表】

令和○○年○月○日
株式会社ＡＢＣ商事

財　産　目　録

令和○○年○月○日（解散日）現在

【資産の部】

科　　目	摘　　　要	金　　額
現　金　預　金	手元現金，普通預金　　□□銀行銀座支店	＊＊＊＊
受　取　手　形	支払人　㈱□□商店	＊＊＊＊
売　　掛　　金	債務者　㈱□□運輸	＊＊＊＊
建　　　　　物	本社	＊＊＊＊
土　　　　　地	同上	＊＊＊＊
投　資　有　価　証　券	□□商事㈱	＊＊＊＊
長　期　貸　付　金	債務者　□□開発㈱	＊＊＊＊
資産の部　合計		＊＊＊＊

【負債の部】

科　目	摘　要	金　額
短　期　借　入　金	□□銀行	＊＊＊＊
未　　払　　金	従業員未払給与，退職金	＊＊＊＊
長　期　借　入　金	□□銀行	＊＊＊＊
負債の部　合計		＊＊＊＊

【正味資産の部】

差引　正味資産の部	＊＊＊＊

（注）　土地建物の価額については不動産鑑定評価によった。

令和〇〇年〇月〇日
株式会社ＡＢＣ商事

清算開始時の貸借対照表

令和〇〇年〇月〇日（解散日）現在

資　産　の　部		負　債　の　部	
科　目	金　額	科　目	金　額
現　金　預　金	＊＊＊＊	短　期　借　入　金	＊＊＊＊
受　取　手　形	＊＊＊＊	未　　払　　金	＊＊＊＊
売　　掛　　金	＊＊＊＊	保　証　債　務	＊＊＊＊
棚　卸　資　産	＊＊＊＊	退　職　給　付　債　務	＊＊＊＊
建　　　　物	＊＊＊＊	純　資　産　の　部	
土　　　　地	＊＊＊＊	純　　資　　産	＊＊＊＊
投　資　有　価　証　券	＊＊＊＊		
長　期　貸　付　金	＊＊＊＊		
資産の部合計	＊＊＊＊	負債・純資産の部合計	＊＊＊＊

（注記）
　次の資産については，処分価額を付すことが困難ですので，それぞれ次の金額を計上しています。
　　・棚卸資産……移動平均法に基づく原価法により評価した金額
　　・建　　物……取得価額から減価償却累計額を控除した金額

Question 19　清算人が招集する定時株主総会

清算人が，財産目録及び清算開始時の貸借対照表を作成した後，定時株主総会を開催するのは，なぜですか。また，その手続を教えてください。

Point

会社が解散した日で事業年度が終了し，清算開始時の貸借対照表を確定させるため。

Answer

　会社が解散し清算会社となると，営業することができなくなるので，事業年度が会社解散の日に終了することになる。そこで，清算人は，清算開始時貸借対照表及び事務報告を作成し，定時株主総会を招集しなければならない。そして，清算人は，清算開始時の貸借対照表及び事務報告を，定時総会に提出しなければならず（会法497①），提出した貸借対照表は，定時総会の承認を受けなければならず（会法497②），提出した事務報告の内容を定時総会に報告しなければならない（会法497③）。

　定時株主総会は，通常，事業年度の終了から3か月又は定款で定められた期間内に行う株主総会を指すが，清算会社の場合には，清算開始時の貸借対照表を承認する株主総会のことを定時株主総会という。会社法では，貸借対照表等の計算書類を承認する株主総会のことを，臨時株主総会と区別して定時株主総会と規定しているからである。

　定時株主総会の招集手続は，通常の定時株主総会と変わりはない。また，清算人が定時総会招集を決定し，定時株主総会の招集通知を株主に発し，定時株主総会を開催することになる。

　下記に定時株主総会招集のための清算人決定書，定時株主総会招集通知及び定時株主総会議事録を記載するので，参考にされたい。

【定時株主総会招集のための清算人決定書】

清算人決定書

　令和○○年○月○日，当会社本店会議室において，当会社の清算人は全員一致をもって，次の事項につき決定した。

　　　決定事項　定時株主総会招集の件

　当会社の解散後の株主への事務報告及び清算開始時の貸借対照表につき株主からの承認を得るため，下記の要領で定時株主総会を開催することを決定した。
　　　　　　　　　　　　　　　記
　　１．日時　令和○○年○月○日　午前１０時００分
　　２．場所　東京都中央区東銀座一丁目１番１号
　　　　　　　株式会社ＡＢＣ商事　本店会議室
　　３．会議の報告事項
　　　　　会社解散後の株主への事務報告
４．会議の目的事項
　　　　議　　案　清算開始時の貸借対照表承認の件

　以上の決定を明確にするため，本決定書を作成し，出席清算人が次に記名押印する。

　　令和○○年○月○日

　　　株式会社ＡＢＣ商事
　　　議長　代表清算人　甲野太郎　㊞

【定時株主総会招集通知(1)】

令和〇〇年〇月〇日

株 主 各 位

東京都中央区東銀座一丁目1番1号
株式会社ＡＢＣ商事
代表清算人　甲野太郎

第〇回定時株主総会招集ご通知

拝啓，益々ご隆盛の段お慶び申し上げます。

　さて，当社第〇〇回定時株主総会を下記のとおり開催いたしますので，ご出席くださいますようご通知申し上げます。

敬具

－ 記 －

1．日時　令和〇〇年〇月〇日（〇曜日）　午前10時00分

2．場所　東京都中央区東銀座一丁目1番1号
　　　　　当社本店会議室

3．会議の報告事項
　　　会社解散後の事務報告の件
　　　　事務報告書に基づき，代表清算人より，会社解散後の事務報告をさせていただきます。

4．会議の目的事項
　　　決議事項
　　　議　案　清算開始時の貸借対照表承認の件
　　　　別紙清算開始時の時貸借対照表について，ご審議及びご承認を賜りたいと存じます。

以上

　当日出席できず，代理人（当社株主に限る）をもって議決権を行使される場合は同封の委任状用紙に必要事項を記入し，押印の上ご返信ください。
　なお，代理人記載なき場合は，議長に委任とさせていただきます。

【定時株主総会招集通知(2)　委任状】

委　任　状

私は，＿＿＿＿＿＿＿＿＿＿を代理人と定め，下記の権限を委任します。

　令和〇〇年〇月〇日開催の株式会社ＡＢＣ商事第〇〇回定時株主総会並びにその継続会又は延会に出席し，議決権を行使すること，及び原案に対し修正案を提出された場合につき，いずれも白紙委任します。

以上

　　令和〇〇年〇月〇日
　　　株主様のご住所・お名前
　　　ご住所　＿＿＿＿＿＿＿＿＿＿＿＿＿＿＿＿＿＿＿＿
　　　お名前　＿＿＿＿＿＿＿＿＿＿＿＿＿＿＿＿＿＿＿＿　印
　　　持株数　＿＿＿＿＿＿株

※　当会社定款第〇〇条の規定により，代理人は，当会社の議決権を有する株主に限定されております。
※　代理人の氏名が空欄の場合には，当会社の株主である株式会社ＡＢＣ商事代表清算人甲野太郎を代理人に指定したものとみなします。

【定時株主総会議事録】

定時株主総会議事録

1. 日　　　時：令和○○年○月○日
　　　　　　　午前１０時００分から午前１０時３０分
2. 場　　　所：当会社本店会議室
3. 出　席　者：発行済株式総数　　　　　　　　　２００株
　　　　　　　この議決権を有する総株主数　　　　１０名
　　　　　　　この議決権の数　　　　　　　　　２００個
　　　　　　　本日出席株主数（委任状出席を含む）　８名
　　　　　　　この議決権の個数　　　　　　　　１８０個
4. 議　　　長：代表清算人　　甲野太郎
5. 出席役員：清　算　人　　甲野太郎
6. 会議の目的事項並びに議事の経過の要領及び結果：
　議長は，開会を宣し，上記のとおり定足数に足る株主の出席があったので，本総会は適法に成立した旨を述べ，議案の審議に入った。

報告事項
会社解散後の事務報告の件

　議長は，事務報告書に基づき，会社解散後の事務の状況を詳細に説明し，報告をした。

決議事項
　議　　案　清算開始時の貸借対照表承認の件

　議長は，清算開始時（令和○○年○月○日）における貸借対照表を提出し，その詳細を説明した。そして，その承認を求めたところ全会一致をもってこれを承認した。
　よって，議長は，清算開始時の貸借対照表が承認可決された旨を宣した。

以上をもって本日の議事が終了したので，議長は閉会を宣した。

　上記決議を明確にするため，本議事録を作成し，議事録作成者が次に記名押印する。

　　令和○○年○月○日

　　　　株式会社ＡＢＣ商事 定時株主総会
　　　　議長・議事録作成者　代表清算人　甲野太郎　㊞

Question 20 会社解散後の債務の弁済

会社が解散した後の債務の弁済についての注意事項を教えてください。

Point

清算株式会社は，債権者に対する公告等の期間が終了するまで弁済をすることができない。

Answer

会社が解散した後には，債務の弁済が重要な仕事になる。しかし，債務の弁済は，会社が解散後直ちに行えるわけではない。まず，清算会社は，会社解散の決議後，遅滞なく，当該清算株式会社の債権者に対し，2か月を下らない一定の期間内にその債権を申し出るべき旨を官報に公告し，かつ，知れている債権者には，各別にこれを催告しなければならないとされている（会法499①）。また，この公告には，当該債権者が当該期間内に申出をしないときは清算から除斥される旨を付記しなければならない（会法499②）。

清算会社の債権者に対してこのような公告をする理由は，清算会社の全債権者が出揃う前に，清算会社が意図的に一部の債権者にのみに優先的に債務を弁済した結果，他の債権者に弁済できなかった場合には，債権者平等の原則に反してしまうからである。したがって，清算会社は，債権申出の公告の期間内は，原則として債務の弁済をすることができない（会法500①）。なお，この期間内であっても少額の債務の弁済等，他の債権者を害するおそれがない場合には，裁判所の許可を得て弁済することが可能である（会法500②）。

下記に解散の公告文案及び知れている債権者への催告書の文案を掲載するので，参考にされたい。

【解散の公告文案（実際の官報公告は縦書きとなる）】

解散公告
　当社は，令和〇〇年〇月〇〇日開催の株主総会の決議により解散いたしましたので，当社に債権を有する方は，本公告掲載の翌日から二箇月以内にお申し出ください。
　なお，右期間内にお申し出がないときは清算から除斥します。

令和〇〇年〇月〇日

東京都中央区東銀座一丁目1番1号
株式会社ＡＢＣ商事
代表清算人　甲野太郎

【解散の知れたる債権者への催告書】

令和〇〇年〇月〇日

債権者各位

東京都中央区東銀座一丁目1番1号
株式会社ＡＢＣ商事
代表清算人　甲野 太郎　㊞

債 権 申 出 催 告 書

拝啓　時下益々ご清祥のこととお慶び申し上げます。
　さて，当社は，令和〇〇年〇月〇日開催の臨時株主総会の決議により解散いたしました。
　つきましては，当社に対して有する債権について，本書到着後2か月以内にお申し出くださいますよう，催告いたします。

敬具

Question 21 清算結了の株主総会までに清算会社が行うこと

決算報告承認（清算結了）のための株主総会までに清算会社が行うこととしては，どのようなものがありますか。

Point

現務の結了，債権の取立て，債務の弁済及び残余財産の分配である。

Answer

会社が解散した場合，清算会社が行うのは，Q07で紹介したとおり，①現務の結了，②債権の取立て及び債務の弁済，③残余財産の分配の3つである。①の現務の結了とは，つまり，会社の業務を終えることで，解散前の業務の後始末等を行うことである。②の債権の取立て及び債務の弁済であるが，債務の弁済については，Q20で述べたとおり一定の制限がある。しかし，債権の取立てには，そのような制限はなく，会社が解散したらすぐにでも行うことができる。そして，①現務の結了と②債権の取立て及び債務の弁済をすべて終了してなお，残余の財産が会社にある場合に，株主に対して行うのが，③残余財産の分配である。

③の残余財産の分配は，普通株式しか発行していない清算会社であれば，残余財産の総額÷発行済株式数（ただし，自己株式は除く）＝1株当たりの残余財産分配額で求めることができるので，各株主の持株数に応じて，1株当たりの残余財産分配額を乗じて，各株主に分配する残余財産の金額を算出することになる。

上記事務がすべて終了したときは，清算会社は遅滞なく，法務省令で定めるところにより，決算報告を作成しなければならない（会法507①，会規150）。

そして，清算人は，決算報告を株主総会に提出して，その承認を受けなければならない（会法507③）。この株主総会による決算報告の承認を受けた時が，会社の清算結了の時であり，清算会社の法人格が消滅する時である。

下記に決算報告承認（清算結了）のための株主総会招集のための清算人決定書，決算報告承認（清算結了）のための株主総会招集通知，清算人作成の決算及び事務報告書，決算報告承認（清算結了）のための株主総会議事録のひな形を掲載するので，参考にされたい。

【決算報告承認（清算結了）のための株主総会招集のための清算人決定書】

清算人決定書

　令和○○年○月○日，当会社本店会議室において，当会社の清算人は全員一致をもって，次の事項につき決定した。

　　　決定事項　臨時株主総会招集の件

　清算事務及び決算報告書承認の件につき，株主総会の承認を得るため，下記の要領で臨時株主総会を開催することを決定した。

　　　　　　　　　　－　記　－

　　１．日時　令和○○年○月○日　午前１０時００分
　　２．場所　東京都中央区東銀座一丁目１番１号
　　　　　　　株式会社ＡＢＣ商事　本店会議室
　　３．会議の目的事項
　　　　議　　案　清算事務及び決算報告書承認の件

　以上の決定を明確にするため，本決定書を作成し，出席清算人が次に記名押印する。

　　　令和○○年○月○日

　　　　　株式会社ＡＢＣ商事
　　　　　　議長　代表清算人　甲野太郎　㊞

【決算報告承認（清算結了）のための株主総会招集通知(1)】

令和○○年○月○日

株 主 各 位

東京都中央区東銀座一丁目1番1号
株式会社ＡＢＣ商事
代表清算人　甲野太郎

臨時株主総会招集ご通知

拝啓，益々ご隆盛の段お慶び申し上げます。

　さて，当社臨時株主総会を下記のとおり開催いたしますので，ご出席くださいますようご通知申し上げます。

敬具

－ 記 －

1．日時　令和○○年○月○日（○曜日）　午前１０時００分

2．場所　東京都中央区東銀座一丁目1番1号
　　　　当社本店会議室

3．会議の目的事項
　　　決議事項
　　　議　案　清算事務及び決算報告承認の件
　　　　別紙清算事務及び決算報告書について，ご審議及びご承認を賜りたいと存じます。

以上

　当日出席できず，代理人（当社株主に限る）をもって議決権を行使される場合は同封の委任状用紙に必要事項を記入し，押印の上ご返信ください。
　なお，代理人記載なき場合は，議長に委任とさせていただきます。

【決算報告承認（清算結了）のための株主総会招集通知(2)　委任状】

委　任　状

私は，_____を代理人と定め，下記の権限を委任します。

　令和○○年○月○日開催の株式会社ＡＢＣ商事臨時株主総会並びにその継続会又は延会に出席し，議決権を行使すること，及び原案に対し修正案を提出された場合につき，いずれも白紙委任します。

以上

　　　　令和○○年○月○日
　　　　　株主様のご住所・お名前
　　　　　　ご住所　_____
　　　　　　お名前　_____　㊞
　　　　　　持株数　_____株

※　当会社定款第○○条の規定により，代理人は，当会社の議決権を有する株主に限定されております。
※　代理人の氏名が空欄の場合には，当会社の株主である株式会社ＡＢＣ商事代表清算人甲野太郎を代理人に指定したものとみなします。

【清算人作成の決算及び事務報告書】

清算事務及び決算報告書

1．令和○○年○月○日，官報により会社債権者に対して債権申出の公告を行うとともに，知れている債権者に対しては各別に催告を行った。

2．令和○○年○月○日，会社財産の現況の調査の上，財産目録及び貸借対照表を作成し，令和○○年○月○日開催の第○回定時株主総会においてその承認を受けた。

3．令和○○年○月○日から令和○○年○月○日までの期間内に取り立てた債権の総額は，金○，○○○円である。

4．債務の弁済，清算に係る費用の支払等による費用の額は，金○○○円である。

5．残余財産分配前の残余財産の額は，金２０００万円である。

6．令和○○年○月○日，清算換価実収額金２０００万円を次のとおり株主に分配した。

　　１株当たりの分配額　金１０万円

　　発行済株式総数　２００株（うち自己株式０株），分配総額金　２０００万円

7．残余財産分配後の当会社の資産の額は０円，負債の額は０円，株主資本の額は０円である。

上記のとおり清算が結了したことを報告する。

　　令和○○年○月○日

　　　　東京都中央区東銀座一丁目１番１号
　　　　株式会社ＡＢＣ商事
　　　　代表清算人　甲野太郎　㊞

【決算報告承認（清算結了）のための株主総会議事録】

臨時株主総会議事録

1. 日　　　時：令和○○年○月○日
　　　　　　　午前１０時００分から午前１０時３０分
2. 場　　　所：当会社本店会議室
3. 出　席　者：発行済株式総数　　　　　　　　　　２００株
　　　　　　　この議決権を有する総株主数　　　　１０名
　　　　　　　この議決権の総数　　　　　　　　　２００個
　　　　　　　本日出席株主数（委任状出席を含む）　８名
　　　　　　　この議決権の個数　　　　　　　　　１８０個
4. 議　　　長：代表清算人　　甲野太郎
5. 出席役員：清　算　人　　甲野太郎
6. 会議の目的事項並びに議事の経過の要領及び結果：

　議長は，開会を宣し，上記のとおり定足数に足る株主の出席があったので，本総会は適法に成立した旨を述べ，議案の審議に入った。

　　　　　議　　案　清算事務報告書承認の件

　議長は，当会社の清算結了に至るまでの経過を報告し，別紙清算事務及び決算報告書を詳細に説明した。
　議長が，その承認を求めたところ，満場一致をもってこれを承認した。
　よって，議長は，原案のとおり承認可決された旨を宣した。

　以上をもって本日の議事が終了したので，議長は閉会を宣した。

　上記決議を明確にするため，本議事録を作成し，議事録作成者が次に記名押印する。

　　令和○○年○月○日

　　　　株式会社ＡＢＣ商事　臨時株主総会
　　　　議長・議事録作成者　代表清算人　甲野太郎　㊞

Question 22　清算結了の登記

清算結了の登記申請書の添付書類と登録免許税を教えてください。

Point

常に株主総会議事録（清算事務及び決算報告書を合綴したもの）及び株主リストが必要となり，登録免許税は2,000円である。

Answer

清算結了の登記申請書の添付書類は，清算事務及び決算報告書が添付された株主総会議事録（清算事務及び決算報告書を合綴したもの），株主リスト及び司法書士等の代理人によってする場合には，代表清算人からの委任状である。登録免許税は，本店所在地でも支店所在地でも，申請件数1件につき2,000円（登録免許税法別表第一，二十四(四)(ハ)の区分）である。

なお，Q 15 の会社解散及び清算人選任の登記と異なり，支店の所在地においても登記申請が必要となるので注意を要する。

具体的な登記申請書のひな形は，下記のとおりになるので，参考にしてほしい。

【清算結了の法人登記申請書（抜粋）】

株式会社清算結了登記申請書

1．商　　　号　　株式会社ＡＢＣ商事（会社番号　〇〇〇〇－〇〇－〇〇〇〇）
1．本　　　店　　東京都中央区東銀座一丁目１番１号
1．登記の事由　　清算結了
1．登記すべき事項　　令和〇〇年〇月〇日清算結了
1．登録免許税　　金2,000円
1．添付書類　　　株主総会議事録　　　　　　　１通
　　　　　　　　　株主リスト　　　　　　　　　１通
　　　　　　　　　委　任　状　　　　　　　　　１通

　上記のとおり登記の申請をする。
　　　令和〇〇年〇月〇日

　　　　　　東京都中央区東銀座一丁目１番１号
　　　　　　申　請　人　株式会社ＡＢＣ商事

　　　　　　東京都中央区東銀座二丁目２番２号
　　　　　　代表清算人　甲野太郎

　　　　　　東京都中央区東銀座三丁目３番３号
　　　　　　上記代理人　司法書士　山田太郎
　　　　　　　電話番号　03－＊＊＊＊－＊＊＊＊

東京法務局　御中

Question 23 清算結了登記後の履歴事項証明書

清算結了の登記がなされた後の履歴事項証明書はどうなりますか。

Point

閉鎖されるが閉鎖事項証明書として取得することができる。

Answer

清算結了の登記がなされると，会社が清算結了した旨及び年月日（清算会社が決算報告の承認をした株主総会の開催日）が登記記録区に登記され，その履歴事項証明書は閉鎖され閉鎖事項証明書と名称が変わる。閉鎖事項証明書は，会社が清算結了しても，20年間は，手数料を納付して各登記所で交付してもらうことができる。

Question 24 清算結了後の帳簿資料

会社が清算結了してしまったら，会社に関する帳簿資料はどうなってしまうのですか。

Point

清算人が10年間保存しなければならない。

Answer

清算人は，清算会社の本店所在地における清算結了の登記のときから10年間，清算会社の帳簿並びにその事業及び清算に関する重要な資料を保存しなければならない（会法508①）とされているので，清算人が保存することになる。

Question 25 特例有限会社の解散の場合

特例有限会社の解散から清算結了に至るまでの過程で，株式会社と異なるところはありますか。

Point

基本的に同じである。

Answer

　特例有限会社は，株主会社の一種とされているので，今まで紹介してきた株式会社と実体的にも手続的にもほとんど違いはない。ただし，株式会社の場合には，清算人が1人であっても代表清算人という呼称があったが，有限会社の場合には，清算人が1人の場合には，代表清算人と呼ばずに単に清算人と呼ばれる。有限会社で代表清算人と呼称されるのは，清算人が複数存在し，かつ，会社を代表しない清算人が存在する場合だけである。

　また，Q 16 で紹介したとおり，株式会社の解散の登記申請書には，必ず清算会社の定款を添付しなければならなかったが，有限会社には清算人会という機関が存在しないため，株主総会で清算人を選任した場合の解散の登記申請書に定款を添付する必要はない。特例有限会社の解散の登記申請書のその他の添付書類や登録免許税は株式会社と全く同じである。

　特例有限会社の会社解散及び清算人選任の登記申請書及び履歴事項証明書の記載例を下記に掲載するので，参考にしてほしい。

【特例有限会社の会社解散及び清算人選任の登記申請書】

特例有限会社解散・清算人登記申請書

1. 商　　　号　　有限会社ＡＢＣ商事
　（会社番号　　○○○○－○○－○○○○○○）

1. 本　　　店　　東京都中央区東銀座一丁目１番１号

1. 登記の事由　　(1)　解散
　　　　　　　　(2)　令和○○年○月○日清算人選任

1. 登記すべき事項
　　　　　　　　(1)　令和○○年○月○日株主総会の決議により解散
　　　　　　　　(2)　清算人の住所氏名
　　　　　　　　　　東京都中央区東銀座二丁目２番２号
　　　　　　　　　　甲野太郎

1. 登録免許税　　金３万９０００円
　　　　　　　　内　　訳
　　　　　　　　解　　散　金３万円
　　　　　　　　選　　任　金９０００円

1. 添付書類
　　　株主総会議事録　　　　　　　　　　１通
　　　就任の承諾を証する書面
　　　　議事録の記載を援用する
　　　株主リスト　　　　　　　　　　　　１通
　　　委　任　状　　　　　　　　　　　　１通

上記のとおり登記の申請をする。

　　令和○○年○月○日

　　　　　東京都中央区東銀座一丁目１番１号
　　　　　申　請　人　有限会社ＡＢＣ商事

　　　　　東京都中央区東銀座二丁目２番２号
　　　　　清　算　人　甲野太郎

　　　　　東京都中央区東銀座三丁目３番３号
　　　　　上記代理人　司法書士　山田太郎
　　　　　　電話番号　03－＊＊＊＊－＊＊＊＊

東京法務局　御中

【特例有限会社の会社解散及び清算人選任の履歴事項証明書の記載例(抜粋)】

履歴事項全部証明書

︙
︙

株式の譲渡制限に関する規定	当会社の株式を譲渡により取得することについて当会社の承認を要する。 当会社の株主が当会社の株式を譲渡により取得する場合においては当会社が承認したものとみなす。	
役員に関する事項	東京都中央区東銀座二丁目2番2号 取締役　　　甲　野　太　郎	令和〇〇年　〇月〇日就任
		令和〇〇年　〇月〇日登記
	東京都中央区東銀座二丁目2番2号 清算人　　　甲　野　太　郎	
		令和〇〇年　〇月〇日登記
解　散	令和〇〇年〇月〇日株主総会の決議により解散 　　　　　　　　　　令和〇〇年　〇月〇日登記	

Question 26　許可を受けて建設業を営んでいる会社が解散した場合

当社は，建設業（土木工事業及び建築工事業）を営んでおり建設業の許可（土木工事業及び建築工事業）を受けています。会社が解散する場合に，今までの手続以外に何か必要になることはありますか。

Point

建設業の廃業届を提出しなければならない。

Answer

　建設業を営む場合には，一定金額以上の工事を受注する場合には，各都道府県知事又は国土交通大臣の許可が必要となる。

　今まで述べてきた解散から清算結了までの手続は，主に会社法及び商業登記手続に関するものだったが，都道府県又は国からの許認可を受けている場合，これらの手続以外にもその許認可に関する手続も当然必要となる。

　ご質問の建設業に関しては，都道府県知事又は国土交通大臣に対して廃業届を出す必要がある。許認可については，わが国ではそれこそ無数にあり，とてもここですべてを紹介はできないので，会社が解散する前にどのような手続が必要になるのか，許認可庁に充分に確認をしておいてほしい。

　なお，この廃業届の添付書類は，清算会社の履歴事項全部証明書及び代表清算人の登記所発行の印鑑証明書各1通である。また，東京都知事の建設業の廃業届けは，会社が解散前，解散後，清算結了してしまった後で，届出者及び添付書類が違ってくるとのことなので，充分注意を要する。

【東京都知事への建設業（土木工事業及び建築工事業）の廃業届け】

様式第二十二号の四（第十条の三関係）

(用紙A4)　00009

廃　業　届

下記のとおり、建設業を廃止したので届出をします。

令和　○　年　○　月　○　日

東京都中央区東銀座一丁目1番1号
株式会社ＡＢＣ商事
地方整備局長
北海道開発局長
　知事　殿　　　　　　　　　届出者　　代表清算人　甲野　太郎　㊞

届出の区分　項番 [5][4] 3[1]　（1．全部の業種の廃業　2．一部の業種の廃業）

許可番号　大臣 知事[5][5] 大臣コード 3[○] 国土交通大臣 知事許可（般 特）-[1][1] 第 5[2][2][2][2][2] 10号　許可年月日　平成 11[1][1]年 13[1][1]月 15[1][1]日

記

廃止した建設業　[5][6] 土[1] 建[1] 大 左 と 石 屋 電 管 タ 鋼 筋 ほ しゅ 板 ガ 塗 防 内 機 絶 通 園 井 具 水 消 清
届出時に許可を受けている建設業　[5][7] 3 5 10 15 20 25 30
（1．一般　2．特定）

行政庁側記入欄
整理区分　[5][8] 3
決裁年月日　[5][9] 平成 3[　][　]年 5[　][　]月 7[　][　]日

【備考】
廃業等の年月日　　令和○○年　○月　○日
廃業等の理由　　（1）許可に係る建設業者が死亡したため
　　　　　　　　（2）法人が合併により消滅したため
　　　　　　　　（3）法人が破産手続開始の決定により解散したため
　　　　　　　　㊤（4）法人が合併又は破産手続開始の決定以外の事由により解散したため
　　　　　　　　（5）許可を受けた建設業を廃止したため

5 解散・清算における労務

　会社の清算には，自主解散による清算と，倒産による清算があるが，どちらも従業員を解雇するという手続が必要となるので注意が必要である。

1 従業員解雇に係る法律の規制

　従業員の解雇には，労働基準法20条による「労働者を解雇しようとする場合においては，少くとも30日前にその予告をしなければならない」という予告義務が課せられている。
　また，労働契約法16条で「解雇は，客観的に合理的な理由を欠き，社会通念上相当であると認められない場合は，その権利を濫用したものとして，無効とする」となっている。解雇は会社の判断だけで自由には行えない。

2 解雇権濫用とされない解雇手続

　解雇権の濫用とされないためには「客観的に合理的な理由」が必要だが，会社の解散や倒産は従業員には責任がない。したがって，従業員に責任のない解雇手続には整理解雇の判例法理（解雇権の濫用とならないかどうかの判断のための4要素）の検討が必要となる。
　特に自主解散の場合には，解散に伴う解雇を正当化するのに「整理解雇の4要素」を考慮して解雇の効力を判断することになる。
　その4要素とは，
　①　人員削減の必要性について（人員削減を行う経営上の必要性があるか）
　②　解雇回避努力について（希望退職募集，配置転換など経営維持の努力）
　③　被解雇者選定の合理性（その選定が公正で合理的か）

④　説明・協議義務は（労働組合や従業員と協議・説明を十分行ったか）

　会社の解散・倒産に伴う清算には上記4要素のうち，特に④の労働組合や従業員個々人と十分に話し合って，理解を得られるよう誠実に行う義務がある。これを怠ると，解雇無効となることがあるので注意が必要となる。

　なお，この4要素を欠く判例として（財）ソーシャルサービス協会事件（東京地裁（平成25年12月18日）判決）がある。これは事業廃止に伴う解雇が無効とされた例であり，この事件の判決の中で裁判所は以下のように4要素を考慮して判決している。

① 人員削減の必要について

　解雇を行った時点では人員余剰は認められるが，2億円の現預金を保有しており，人員削減の必要性が高かったと認めることはできない。

② 解雇回避努力について

　期間の定めのない雇用契約を締結している従業員に対して，十分な解雇回避努力義務を果たしていない。具体的には，他の事業所への配置転換や希望退職の募集などの解雇回避努力を行っていない。したがって，解雇は「客観的に合理的な理由があり，社会通念上相当であるもの」とは認められないから，その権利を濫用したものとして無効であるとされている。

3　取り組む姿勢

　ここでは，会社の解散・倒産に関して，主として従業員に対する手続について解説するが，会社の解散・倒産には従業員の責任はなく，あくまで会社の都合による「解雇」となるため，会社としては誠意を込めて従業員や労働組合に対して説明し，理解を求める必要がある。心して取り組むことが大事である。

　本稿では触れていないが，事業を開始したときに行政機関の許認可を得ていた会社は，解散・整理に伴う廃止届についても忘れずに手続を行うよう注意したい。

Question 27　従業員に関して作成する書類

解散において従業員に関して作成する書類にはどのようなものがありますか。

Point

従業員全員について次の書類の作成をする必要がある。

Answer

(1)　雇用保険関係

① 雇用保険被保険者資格喪失届・氏名変更届

　雇用保険被保険者資格喪失届・氏名変更届は，解散（清算）の日の翌日から起算して10日以内に提出する。この書類の提出先は，会社所在地を管轄する公共職業安定所となる。なお，この届出の際には，次の「雇用保険被保険者離職証明書」（様式第5号）を一緒に届け出る。

② 雇用保険被保険者離職証明書（様式第5号）

　雇用保険被保険者離職証明書（様式第5号）を提出する場合には，出勤簿・賃金台帳（離職前13か月分程度）を持参する必要がある。なお，外国人が退職するときは，「在留カード」・「外国人登録証明書」又は「就労資格証明書」によって，外国人の氏名・在留資格・在留期間・生年月日・性別・国籍等の確認が行われる。

　雇用保険被保険者離職証明書（様式第5号）を記載する際には，雇用保険被保険者離職証明書⑦欄の『離職理由』欄の記入に特に注意する必要がある。離職理由は会社の解散（清算）なので，以下の記入欄のボックスのうち，(1)又は(2)のどちらかの□の中に○をつける。

　記入欄の(1)に○を付けた場合には，『裁判所において倒産手続の申し立てを受理したことを証明する書類』の添付が必要となり，(2)に○を付けた場合には，『解散の議決がなされた場合は，その議決が行われた議事録(写)』の添付が必要となる。

【雇用保険被保険者離職証明書（様式第5号）の「⑦離職理由欄」部分（抜粋）】

```
⑦離職理由欄…事業主の方は，離職者の主たる離職理由が該当する理由を1つ選択し，左の事業主記入欄
　　　　　　の□の中に○印を記入の上，下の具体的事情記載欄に具体的事情を記載してください。

【離職理由は所定給付日数・給付制限の有無に影響を与える場合があり，適正に記載してください。】
```

事業主記入欄	離職理由	※離職区分
□ ……	1　事業所の倒産等によるもの　(1)　倒産手続の開始，手形取引停止による離職	1 A
□ ……	(2)　事業所の廃止又は事業活動停止後事業再開の見込みがないため離職	1 B
□ ……	2　定年によるもの　　定年による離職（定年　　歳）	2 A

　このように(1)又は(2)に○をつけると，退職した従業員は『特定受給資格者』と認定され，基本手当の所定給付日数が優遇される。

【基本手当の給付日数（被保険者期間は6か月以上必要)】

定年・契約期間満了・自己都合退職の場合

離職時の年齢＼被保険者期間	10年未満	10年以上20年未満	20年以上
65歳未満	90日	120日	150日

特定受給資格者（解雇等）・特定理由離職者

離職時の年齢＼被保険者期間	1年未満	1年以上5年未満	5年以上10年未満	10年以上20年未満	20年以上
30歳未満	90日	90日	120日	180日	―
30歳以上35歳未満	90日	120日	180日	210日	240日
35歳以上45歳未満	90日	150日	180日	240日	270日
45歳以上60歳未満	90日	180日	240日	270日	330日
60歳以上65歳未満	90日	150日	180日	210日	240日

(2) 社会保険関係

① 健康保険・厚生年金保険被保険者資格喪失届

　健康保険・厚生年金保険被保険者資格喪失届については，解散（清算）の日の翌日から起算して5日以内に全従業員分を提出する。提出先は，会社所在地を管轄する年金事務所又は健康保険組合となるが，厚生年金基金加入の事業所の場合は更に厚生年金基金加入員資格喪失届を厚生年金基金へ提出する。

　なお，この届出には，健康保険被保険者証（被扶養者全員の被保険者証）の添付が必要となる。

② 健康保険被保険者証回収不能・滅失届

　健康保険被保険者証が紛失又は滅失して本人から回収できないときには，健康保険被保険者証回収不能・滅失届を提出する。

③ 健康保険傷病手当金支給申請書

　業務外で休職中の従業員が解散（清算）時に，傷病手当金の請求をしていない場合で，第1回分を請求するときには，健康保険傷病手当金支給申請書を会社が提出する。

> 傷病手当金の受給要件
> ・傷病のため療養中であること
> ・療養のため労務不能であること（労務不能という医師の証明書が必要）
> ・4日以上会社を休業していること（少なくとも継続して3日間の休業が必要）

　会社所在地を管轄する全国健康保険協会各支部又は健康保険組合へ，賃金台帳・出勤簿等などと一緒に提出する（時効は2年）。

　従業員が休職中に上記の傷病手当金を受給要件に該当し，健康保険に加入後1年以上経過している場合には，退職後も給付が受けられる。

　従業員本人に対しては，傷病手当金は受給開始後最長で1年6か月受給できることを指導し，退職後は医師の証明書のみで会社の証明は不要であることを伝えておく。

Question 28 届出等の手続

会社が解散又は事業所を廃止したときに会社が行わなければならない手続にはどのようなものがあるでしょうか。

Point

労働保険については,公共職業安定所・労働基準監督署へ届け出る。また,社会保険については,年金事務所又は加入している健康保険組合へ届け出る。

Answer

(1) 雇用保険関係
① 雇用保険適用事業所廃止届

雇用保険適用事業所廃止届は,会社を解散又は事業所を廃止した日の翌日から10日以内に,会社所在地を管轄する公共職業安定所長へ提出する。この際,Q27で説明した「雇用保険被保険者資格喪失届・氏名変更届」と「雇用保険被保険者離職証明書」を一緒に提出する。同時に,事業開始時に交付されていた「雇用保険適用事業所台帳」を返却する。

(2) 労災保険関係
① 労働保険概算・増加概算・確定保険料申告書(様式第6号(甲))

労災保険関係は,従業員個々人の届出は不要だが,労働保険料の精算が必要となる。

まず,年度の初日(4月1日)から事業を解散又は廃止した期間に支払った全従業員の賃金総額を賃金台帳から確認する。

そして,年度始めに納付してあった概算労働保険料,及び労働保険料に未納がないかを確認する。労災保険については「保険関係廃止届」といった手続書類はない。その代わりにこの「労働保険確定保険料申告書」に事業を廃止した日を記入して,会社を管轄する労働基準監督署長に,会社を解散又は廃止した日の翌日から起算して50日以内に提出する。

5 解散・清算における労務

確定労働保険料と概算労働保険料の差額を精算するが、多くの場合は保険料が納め過ぎになっているので、次の「労働保険労働保険料還付請求書」を提出して、保険料の還付を受ける。反対に概算保険料が少ない場合には、不足額を申告納付する。

② 労働保険労働保険料還付請求書

概算保険料のほうが確定保険料より多く納付してある時は、上記の「労働保険概算・増加概算・確定保険料申告書」と同時に、管轄労働基準監督署長に提出して、労働保険料の精算をし、保険料の還付を受ける。

(3) 社会保険関係

① 健康保険・厚生年金保険適用事業所全喪届

会社を管轄する年金事務所（又は健康保険組合・厚生年金基金）に5日以内に提出する。この際、Q 27 で説明した「健康保険・厚生年金保険被保険者資格喪失届」、場合によっては「健康保険被保険者証回収不能・滅失届」も併せて提出する。

なお、確認書類として次のいずれかの資料の添付が必要となる。これらの書類の添付が困難な場合は、給与支払事務所等の廃止届のコピー等を添付する。

・雇用保険適用事業所廃止届（事業主控）のコピー
・解散登記の記載のある法人登記簿謄本のコピー

Question 29 未払の給与・退職金がある場合

従業員の給与・退職金に未払金があるときはどうすればよいでしょうか。

Point

2万円以上の未払金があれば支給申請できる。なお，未払賃金の立替払いには上限額があり，最高で296万円である。

Answer

会社の解散が倒産による場合，従業員の給与や退職金に未払があることがある。賃金債権には優先順位が認められているが，多くの場合は会社の残余財産が少なく従業員は救済されないことがある。会社が倒産して賃金が支払われないまま退職した従業員に対して，未払賃金の一部を立て替える制度として「未払賃金の立替払制度」がある。

(1) 未払賃金の立替払制度の概要

未払賃金の立替払制度の対象となる倒産には，①法律上の倒産（破産法による破産手続開始，会社法による特別清算の開始，会社更生法による更生手続開始等により裁判所の決定又は命令があった場合），②中小企業による事実上の倒産（事業活動が停止し，再開の見込みがなく，賃金支払能力がない状態になった）がある。この場合の中小企業の範囲は下表のとおりとなる。

【図表2－3　立替払制度の対象となる中小企業の範囲】

業　　種	資本金又は出資金／労働者数
一 般 産 業	3億円以下　又は　300人以下
卸　売　業	1億円以下　又は　100人以下
サービス業	5,000万円以下　又は　100人以下
小　売　業	5,000万円以下　又は　 50人以下

(2) 立替払制度の利用ができる人

① 使用者の要件

　労働者災害補償保険（労災保険）の適用事業所で1年以上事業活動を行っていたこと（法人・個人の有無，保険料納付の有無を問わない），そして法律上の倒産又は事実上の倒産に該当していることが要件となる。

② 労働者の要件

　倒産について裁判所への破産申立，労働基準監督署長へ認定申請をした日の6月前から2年の間に退職していること，そして2万円以上の未払賃金があることが要件となる。

(3) 立替払いされる金額は

　未払賃金（税，社会保険料，その他の控除金の控除前の金額）の8割が立替払いされる。ただし，退職日の年齢に応じて限度額があり，未払賃金総額が限度額を超えるときは，その限度額の8割となる。

退職日の年齢	未払賃金総額の限度額	立替払いの上限額
45歳以上	370万円	296万円
30歳～45歳	220万円	176万円
30歳未満	110万円	88万円

　なお，未払賃金の立替払請求書・証明書，認定申請書，確認申請書等は労働基準監督署にある。

(4) 未払賃金立替払いを受ける場合の手続

　倒産の事由により次のようになっている。

① 法律上の倒産の場合

　管財人又は清算人から未払賃金の額等について証明書が交付されるので，立替払請求書及び退職所得の受給に関する申告書に必要事項を記入して「独立行政法人労働者健康福祉機構」に行う。

② 事実上の倒産の場合

　所轄労働基準監督署長に，当該事業場が事業活動を停止し，再開の見込みがなく，かつ，賃金支払能力がないことの認定申請を行う。認定通知書が交付されたら，未払賃金総額等必要事項について所轄労働基準監督署長に確認申請を行い，確認通知書が交付されたら，立替払請求書及び退職所得の受給に関する申告書に必要事項を記入して「独立行政法人労働者健康福祉機構」に行う。

Question 30 従業員に対する説明

従業員に説明しておくべき事項はどのようなものでしょうか。

Point

健康保険については，年齢に関係なく何らかの保険制度に加入する義務がある。また，国民年金は20歳以上60歳未満の者に加入義務がある。

Answer

(1) **健康保険の資格喪失に伴う手続として**

① **国民健康保険に加入する場合**

資格喪失から14日以内に，住所地を管轄する市役所又は区役所で加入手続をする。なお，会社倒産などの会社都合による退職の場合には，国民健康保険料（税）の軽減措置がある。これを活用すると保険料の計算が前年の給与所得の100分の30と計算されるので，保険料額が軽減される。軽減期間は，離職の翌日から翌年度末までの期間となる。

② **健康保険任意継続被保険者資格取得申出書**

健康保険の資格を喪失すると，原則として国民健康保険に加入することになるが，従前の保険制度に引き続いて加入することもできる。任意加入資格としては，被保険者期間が2か月以上あることが必要である。

資格喪失後（退職後）20日以内に，従業員の住所地を管轄する全国健康保険協会各支部又は加入していた健康保険組合に，従業員が提出することになっているので，忘れないよう従業員に指導することが必要となる。

③ **家族が勤務先で加入している健康保険の被扶養者になる場合**

家族との続柄，続柄によっては同居が要件になることがある。また，資格喪失後の年収見込が130万円未満（雇用保険の失業給付を受ける場合は，その日額が3,611円以下）であることが必要である。

従業員には，詳細は家族が加入している全国健康保険協会各支部又は健康保

険組合に確認するよう伝える。
(2) 厚生年金保険の資格喪失に伴う手続として
① 国民年金第1号被保険者になる場合

　20歳以上60歳未満で被扶養配偶者でなければ，国民年金第1号被保険者に該当する。手続は，住所地の市区町村国民年金課で行う。

　今まで被扶養配偶者で国民年金第3号被保険者として保険料を支払っていなかった配偶者（夫又は妻）も，今後は第1号被保険者として保険料を支払う必要がある。忘れずに手続するようアドバイスしよう。

　収入がなく保険料が支払えない場合は，免除措置があるので，市区町村国民年金課に問い合わせをしたほうがよい。免除申請をしないで保険料を支払わないとただの未納付（滞納）となり，将来受ける年金に反映されないが，免除申請をすれば，免除割合に応じて年金に反映される。

② 国民年金第3号被保険者になる場合

　20歳以上60歳未満で配偶者の被扶養者となる場合は，国民年金第3号被保険者に該当する。手続は，配偶者の勤務先を経由して管轄の年金事務所に「国民年金第3号被保険者資格取得届」を提出して行う。

第3章
解散・清算における会計実務

1 解散・清算における経理事務の流れ

　平成22年度税制改正により，法人税法における清算所得課税が廃止され，通常所得課税に移行した。会社法は，残余財産を基にした財産計算であるのに対し，法人税法は損益課税方式となった。この改正により，税務上の取扱いは大きく変化したが，実務においては，会社法上の取扱いと税務上の取扱いの両方に対応する必要があるため，効率よく対応し，双方の求める計算書類等を作成しなければならない。そこで今回は全体的な経理事務の流れを把握するとともに会社法上と税務上の取扱いの違いをまとめることとした。
　繰返しになるが会社法上は，残余財産を基にした財産計算であるのに対して，税務上は損益課税方式が採られている。そのため，実務的には，まず，継続企業ベースでの税務申告用の貸借対照表及び勘定科目内訳書を作成し，それをもとに処分価格へ置き換えて株主総会用の貸借対照表を作成することにより，双方への対応を行うこととなる。

Question 31 解散から残余財産確定までの事業年度

会社の解散から残余財産確定までの事業年度は、どのような区分になりますか。

Point

事業年度は、解散事業年度、清算事業年度、最後事業年度に区分される。

Answer

【図表3-1 事業区分】

（3月事業年度法人が令和元年12月末に解散した場合）

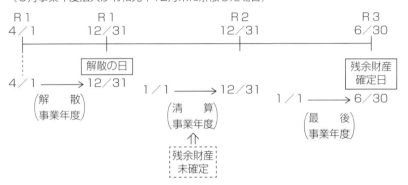

ここでは3月決算の会社を前提として図を参照しながら、説明を加えることにする。

1 解散事業年度

会社が事業年度の中途において解散した場合には、その事業年度開始の日から解散日までの期間を一事業年度とみなす（法法14一）。令和元年12月31日が「解散の日」なので令和元年4月1日から令和元年12月31日までが「解散事業年度」となる。

そして、その事業年度終了の日の翌日から2か月以内に確定申告書を提出し、

申告税額を納付する必要が生ずる。

2　清算事業年度

　残余財産が未確定の場合，解散の日の翌日から始まる1年ごとの期間（清算事業年度）を一事業年度とする（会法494①，法法13①，法基通1－2－9）。ここでは，令和2年1月1日から令和2年12月31日までが対象期間となる。ここでもその事業年度終了の日の翌日から2か月以内に確定申告書を提出し，申告税額を納付する必要がある。

3　最後事業年度

　清算中の会社の残余財産が事業年度の中途において確定した場合には，その事業年度開始の日から残余財産確定の日までの期間を一事業年度とみなす（法法14①二十一）。図では令和3年1月1日から令和3年6月30日までが「最後事業年度」（残余財産が確定した清算事業年度）となる。

　さらにその確定した日から1か月以内（事業年度終了の日から1か月以内に残余財産の最後の分配が行われる場合には，その行われる日の前日までに）確定申告書を提出し，申告税額を納付する必要がある（法法74②）。

Question 32 解散時の会計

解散時の会計手続について教えてください。

Point

継続企業ベースで貸借対照表を作成し，処分価額に修正する。

Answer

1 解散とは

　株式会社の解散とは，その会社の法人格の消滅を生じさせる原因となる事実をいう。ただし，合併の場合を除き，解散によって直ちに法人格が消滅するのではなく，解散後に行われる清算・破産手続の終了時に消滅する。

　会社が解散した場合，清算人は，その就任後遅滞なく，清算株式会社の財産の現況を調査の上，解散日現在の貸借対照表及び財産目録を作成し，株主総会の承認を受けなければならない（会法492①）。

2 財産目録の作成

　財産目録は資産の部・負債の部，正味資産の部の3区分に分けて表示され，さらにその内容を示す適当な科目に細分されることになる（会規144③）。

　また，財産の評価は原則として処分価格によることとされる（会規144②）。つまり，財産目録並びに財産目録を基礎として作成される貸借対照表は，原則として，処分価格・時価を反映したものとなる。そして，清算株式会社の会計帳簿は財産目録に付された価格を取得価額とみなすこととなる（会規144②，160②）。

③ 貸借対照表の作成

　解散日現在の貸借対照表は，財産目録に基づき作成しなければならない（会規145②）。貸借対照表は，資産，負債及び純資産の3区分で表示される。さらに資産，負債については流動・固定の区分を行う必要はなく，また，純資産の部も「純資産」1項目で足りる。貸借対照表も財産目録の作成でも，同様の取扱いとなるが，これは，清算株式会社では剰余金の配当が行われず，剰余金や資本金を区分する積極的な理由がないためである。

　仮に財産目録と同様，処分価格を付すことが困難な資産がある場合には，当該資産に係る財産評価の方針を注記しなければならない（会規145④）。

　一方，清算ベースの貸借対照表とは別に，税務申告の必要性から，継続企業ベースでの通常貸借対照表，損益計算書，株主変動等損益計算書及び勘定科目内訳書の作成が必要となることに留意しなければならない。ただし，税務上の要請に基づくものであることから，株主総会の承認は不要とされている。

④ 継続企業を前提としない会計

　清算人は，清算手続を通じて財産を処分し，債務を弁済し，最終的に株主へ分配することを職務としている。同時に会社は清算手続という財産の換価処分過程にあるため，その資産に付すべき金額は，基本的にはその事業の清算を前提とした価額（処分価格）となる（会規144②）。つまり，継続企業を前提とした適正な期間損益計算に基づく計算書とは異なるということである。

　しかし，現行制度下では継続企業を前提とする会計基準しか存在しないため，継続企業を前提としていない場合の指針として，実務上は，日本公認会計士協会会計制度委員会研究報告第11号「継続企業の前提が成立していない会社等における資産及び負債の評価について」が参考にされる。

　そこでは，基本的に資産については財産的価値のあるものを計上し，負債については，法律上の債務が計上されることになる。したがって，法的債務性のない引当金や繰延資産は計上せず，また，税効果による繰延税金資産及び繰延

税金負債も計上しないことになる。

　一方,「一般に公正妥当と認められている企業会計の基準その他の会計慣行」を斟酌して資産・負債として認識されていない項目,例えば取得時に費用処理した資産,リース資産やリース負債さらに保証債務等は逆に計上する必要があると考えられている。

5　実態貸借対照表の重要性

　平成22年度に清算所得課税制度が見直され,従来の財産課税方式を廃止し,損益課税方式に一本化された。仮に清算にあたって債務免除益が発生した場合にはいわゆる期限切れ欠損金の使用が「残余財産がないと見込まれる場合」に限って認められる取扱いとなっている。

　これは,処分価格で作成した計算書類,つまり,清算貸借対照表で純資産がマイナスであるということを示す必要があると一般にいわれている。したがって,会社法によって作成される清算貸借対照表は,単に会社法における残余財産の確定のみならず,税務上の観点からも非常に重要といえる。

6　会社法と法人税法の違い

　会社法上は,財産目録と貸借対照表の作成が要求されているのに対して,法人税法上では,解散の日の属する事業年度の確定申告書に添付する形で貸借対照表,損益計算書及び株主資本等変動計算書の作成が要求されている（法法74③,法規35）。

　そして,財産の評価手続については,会社法と法人税法上では取扱いが大きく違う。会社法では,会社が解散すると財産を処分価格（時価）で評価し,解散貸借対照表に反映させることになり,次期清算事業年度の開始貸借対照表に繰り越されていく。

　一方,法人税法上,評価替えによる評価損益を益金又は損金の額に算入することはできない（法法25①,33①）。したがって,税務上は,当該事業年度末に評価替えを行わずに繰り越された帳簿に基づき,次年度において損益の額も記

載されていくことになる。つまり，継続企業を前提とした従来の取得原価主義によることになる。

　実務的には，まず，継続企業ベースでの税務申告用の貸借対照表及び勘定科目内訳書を作成し，それをもとに処分価格へ置き換えて株主総会用の貸借対照表を作成することになる。

【図表3-2　会社法と法人税法の違い】

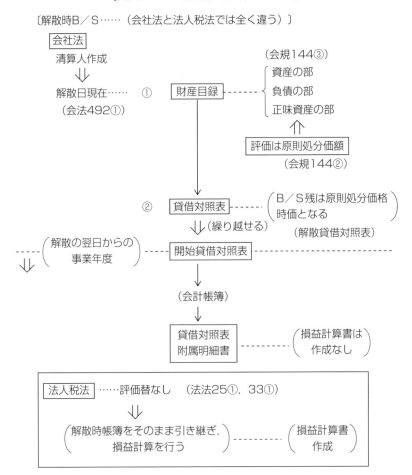

Question 33　清算の会計

清算中の会計について教えてください。

Point

貸借対照表，事務報告及び附属明細書を作成するが，解散と同様に継続企業ベースで作成して，処分価格に修正する。

Answer

1　清算とは

清算とは，会社の法人格の消滅前に，会社の現務を結了し，債権を取り立て，債権者に対し債務を弁済し，株主に対して残余財産を分配する等の手続である（会法481）。

清算法人は，解散の日の翌日より１年ごとに清算中の事業年度が生ずるが，この事業年度ごとに「貸借対照表」，「事務報告」，「貸借対照表の附属明細書」及び「事務報告の附属明細書」を作成しなければならない（会法494①）。

清算株式会社は，専ら清算事務の遂行を行うものであり，事務報告の中で清算事務の遂行に伴う財産処分に係る収益や清算費用を示す計算書を作成する。したがって，株主資本等変動計算書や損益計算書の作成は求められていない。要するに清算事務の進捗状況を報告するものである。

2　事務報告の記載内容

事務報告は，事業年度の事業報告及び損益計算書に相当するものと考えられる。そこで事務報告への記載内容としては，清算事務の進捗状況，財産の処分，債権の取立て，債務の弁済の状況等を記載する。記述のみではなく，財産の処分や清算費用等を計算書の様式で記載する必要がある。計算書は，中心的な位置づけであり，実務的には収支ベースで作成する必要がある。

③ 貸借対照表の作成

　清算中の各事業年度において作成する貸借対照表は，処分価格ベースであり，各事業年度に係る会計帳簿に基づき作成しなければならない（会規146①）。そして，会計帳簿は，解散日現在の処分価格がスタートとなるので清算中の各事業年度において作成する貸借対照表も処分価格を付したことになる。また，貸借対照表は，解散時と同様，資産の部，負債の部及び純資産の部に区分され，表示される。

　ここでも平成22年度税制改正によって清算所得課税が廃止になったことにより，税務上は，解散後の清算事業年度でも解散時の計算書類と同様に貸借対照表，損益計算書及び株主資本等変動計算書の作成が必要となった。それは，継続企業を前提とした従来の取得原価主義により作成されることが要求されているのである。

　したがって，実務上は，解散の会計と同様に継続企業ベースで貸借対照表を作成し，処分価格に修正することになる。

④ 附属明細書の作成

　附属明細書については，会社計算規則の直接的な適用は受けないが，貸借対照表の内容を補足する重要な事項を記載することになる。清算中の会社として必要と考えられるものを記載するが，借入金の増減，固定資産の状況，担保権の明細，清算人，監査役などに支払う報酬などを記載することが想定される。

Question 34 清算結了時の会計

清算結了時の会計について教えてください。

Point

清算事務が終了した場合，遅滞なく決算報告を作成し，株主総会の承認を受けなければならない。

Answer

1　決算報告

　清算株式会社は，清算事務が終了したときは，遅滞なく，法務省令で定めるところにより，決算報告を作成しなければならない（会法507①）。そして，株主総会に提出して，その承認を受ける必要がある（会法507③）。

　決算報告の記載事項は，以下のとおりである（会規150）。

① 債権の取立て，資産の処分その他の行為によって得た収入の額
② 債務の弁済，清算に係る費用の支払その他の行為による費用の額
　　※ 残余財産確定時に未払の費用が残ることが想定される。具体的には，残余財産確定後に発生する事務所賃借料，清算人の報酬等，株主総会の開催費用，清算結了の登記費用等が考えられる。
③ 残余財産の額（支払税額がある場合には，その税額及び当該税額を控除した後の財産の額）
④ 1株当たりの分配額（種類株式発行会社の場合は，各種類の株式1株当たりの分配額）

　残余財産の分配を終了した日，及び残余財産の一部が金銭以外の財産である場合には当該財産の種類及び価額を注記しなければならない。

　決算報告は，清算中の事務を通じてどのような経過により残余財産の確定に至ったかを株主に報告する趣旨であり，清算開始時の現預金残高から残余財産

の額までの動きを表すため、収支ベースで作成されることとなる。

② 残余財産分配の会計処理

残余財産分配の会計処理は次のようになる。
① 残余財産の一部を分配した場合には残余財産の前払と考える。
② その後残余財産が確定し、最後分配を行ったときは、残余財産確定後に支払を予定している未払金や未払税金を差し引いて純資産が算定される。
③ 残余財産の最後の分配が行われたときは、未払金や未払税金に対応する現預金のみを残して、残りが株主に対する出資持分の分配とし、残余財産の最後分配の対象となり、純資産から差し引かれることになる。

そして、残余財産の分配をもって清算事務は終了し、実質的な清算の結了によって会社は消滅する。

次頁に、解散・清算における経理実務の流れを図示したので、参考にされたい。

【図表3-3　解散・清算における経理実務の流れ】

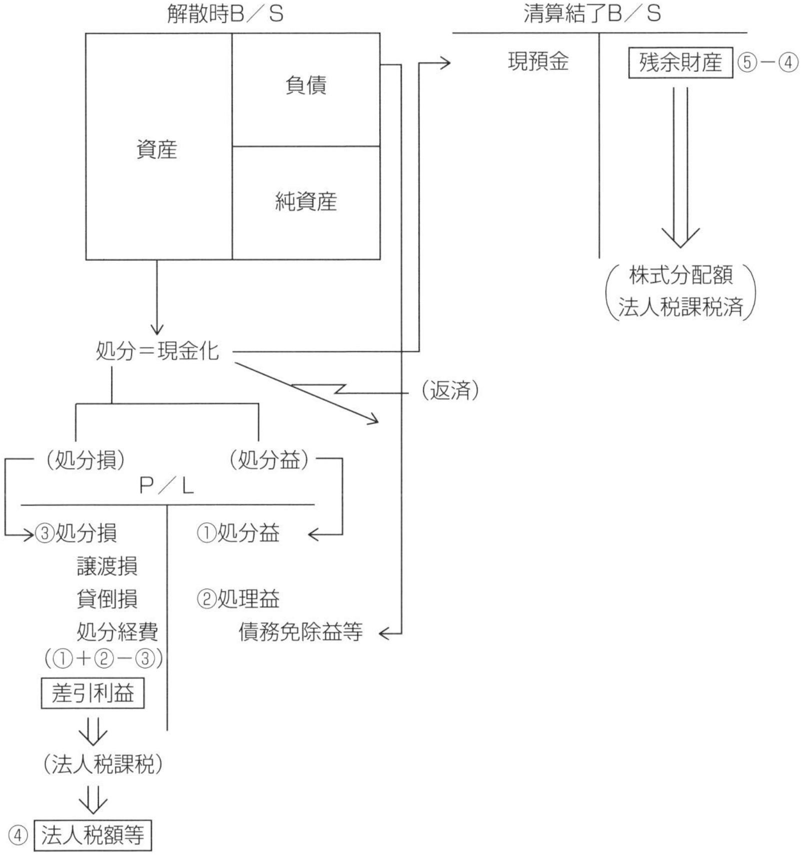

```
      解散時B／S                    清算結了B／S
  ┌──────┬──────┐         現預金    残余財産 ⑤-④
  │      │ 負債 │──────→
  │ 資産 ├──────┤                    ↓
  │      │純資産│              ┌株式分配額  ┐
  └──┬───┴──────┘              └法人税課税済┘
     ↓
  処分＝現金化 ──────→（返済）
     │         ＼
  （処分損）（処分益）
        P／L
  →③処分損  ①処分益←
    譲渡損
    貸倒損   ②処理益
    処分経費 債務免除益等←
   （①+②-③）
    差引利益
      ⇩
   （法人税課税）
      ⇩
   ④ 法人税額等
```

1　解散・清算における経理事務の流れ　113

2 解散にあたって作成する計算書類

　平成22年度税制改正により，法人税法における清算所得課税が廃止され，通常所得課税に移行した。会社法は，従来から残余財産を基にした財産計算であったのに対し，法人税法は損益課税方式となったため，会社法上の取扱いと税務上の取扱いの両方に対応する必要が生じた。

　実務的には，まず，継続企業ベースでの税務申告用の貸借対照表及び勘定科目内訳書を作成し，それをもとに処分価格へ置き換えて株主総会用の貸借対照表を作成することにより，双方への対応を行うことになる。

　ここでは，解散事務書類，清算事務書類，残余財産の分配と清算結了のための計算書類の作成についてまとめることとした。

【参考文献】
- 右山昌一郎著『会社の清算実務についての問題点』大蔵財務協会（2010年12月）
- ひかりアドバイザーグループ編『会社清算の実務75問75答』清文社（2010年9月）
- 大沼長清，井上久彌，磯部和男編『設立・解散』ぎょうせい（2007年1月）
- 高野総合会計事務所編『会社解散・清算の税務と会計』税務研究会出版局（2007年6月）
- 植木康彦「改正された清算中の法人税申告の実務」週刊『税務通信』（No.3140・No.3143）

Question 35　解散時における財務書類

解散に伴って，作成すべき財務書類について説明してください。

Point

処分価格による貸借対照表・財産目録の作成が必要である。

Answer

1　財産目録の作成

　会社が解散した場合，清算人は，その就任後遅滞なく，清算株式会社の財産の現況を調査の上，解散日現在の貸借対照表及び財産目録を作成し，株主総会の承認を受けなければならない（会法492①）。

2　処分価格により作成

　財産目録は前述したとおり，資産の部，負債の部，正味資産の部の3区分に分けて表示され，さらにその内容を示す適当な科目に細分されることになる（会規144③）。また，財産の評価は原則として処分価格によることとされる（会規144②）。ここでいう処分価格とは，資産の売却（処分）見積価額から，売却（処分）に係るコストの見積額を控除したものであり，要は，換価処分した場合にいくらの手取りとなるかということである。

　繰り返しになるが，解散・清算において作成する計算書は，継続企業を前提とした適正な期間損益計算に基づく計算書とは異なるということである。

　その際の指針として，実務上，日本公認会計士協会会計制度委員会研究報告第11号「継続企業の前提が成立していない会社等における資産及び負債の評価について」が参考になる。資産については財産的価値のあるものを計上し，負債については，法律上の債務が計上される。法的債務性のない引当金や繰延資産は計上せず，また，税効果による繰延税金資産及び繰延税金負債も計上し

ないことになる。

　また，取得時に費用処理した資産，リース資産やリース負債さらに保証債務等は逆に計上する必要があると考えられている。

【図表3-4　財務書類の作成手順】

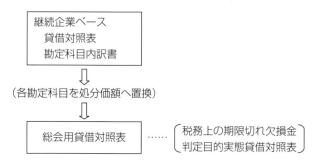

【図表3-5　清算財産目録の記載例】

財産目録
（清算財産目録）

　　　　　　　　　　　　　　　　　　　　　　　　　○○○○株式会社
【資産の部】　　　　　　　令和××年×月××日（解散日）現在

科　　目	摘　　要	金　　額
現金及び預金	手元現金	××
	普通預金　○○銀行　○○支店	××
受 取 手 形	支配人　○○㈱	××
売　掛　金	債務者　○○㈱・○○㈱他	××
建　　物	本社	××
	○○工場	××
什器及び備品		××
土　　地	○○市○○所在	××
借 地 権		××
電話加入権		××
投資有価証券	○○商事㈱××株	××
長期貸付金	債務者　○○㈱	××
その他の投資	ゴルフ会員権・保険積立金など	××
資産合計		××

【負債の部】

科　　　目	摘　　　　要	金　　額
短 期 借 入 金	○○銀行	××
未　払　金	○○社会保険事務所	××
	○○税務署	××
	従業員退職金	××
	従業員未払給与（×月分）	××
その他の流動負債		××
長 期 借 入 金	○○銀行	××
負債合計		××

【正味資産の部】

差引正味資産		××

（注）　土地，建物の価格については，不動産鑑定評価による。

3　貸借対照表の作成

　貸借対照表の作成については，前述のとおり（106頁参照）である。ここでは，記載例を示すこととした。

【図表3－7　清算貸借対照表の記載例】
清算開始時の貸借対照表
（清算貸借対照表）

○○○○株式会社
令和××年×月××日（解散日）現在

資　産　の　部		負　債　の　部	
科　　　目	金　　額	科　　　目	金　　額
（流動資産）	××××	（流動負債）	××××
現金及び預金	×××	買　掛　金	×××
受 取 手 形	×××	支 払 手 形	×××
売 　掛 　金	×××	未　払　金	×××
（固定資産）	××××	（固定負債）	××××
有形固定資産	×××	長 期 借 入 金	×××
建　　　物	××	保 証 債 務	×××
土　　　地	××	退職給付債務	×××
無形固定資産	×××	負債合計	××××

投資その他の資産	×× ×	純資産の部	
投 資 有 価 証 券	× ×	純　資　産	×× ×
長 期 貸 付 金	× ×		
資産合計	×× ××	負債及び純資産合計	×× ××

(注記)

　　下記の資産は清算価格を付すことが困難なので，それぞれ次の金額を計上している。
・棚卸資産…移動平均法に基づく原価法により評価した金額
・建物…取得価格から減価償却累計額を控除した金額
・市場価格のない有価証券…移動平均法に基づく原価法により評価した金額
　（注）　記載例では，流動資産，固定資産等を区分したが，区分の必要は特にない。

4　会社法と法人税法の違い

　財産の評価手続については，前述のとおり会社法と法人税法上では取扱いが大きく違う。会社法では，会社が解散すると財産を処分価格（時価）で評価し，解散貸借対照表に反映させることになる。そして，次期清算事業年度の開始貸借対照表に繰り越されていく。

　一方，法人税法上，評価替えによる評価損益を益金又は損金の額に算入することはできない（法法25①，33①）。したがって，税務上は，当該事業年度末に評価替えを行わずに繰り越された帳簿に基づき，継続記帳されることになる。

Question 36 清算事務年度における計算書類

清算事務年度ではどのような財務書類の作成が必要ですか。

Point

貸借対照表・事務報告それぞれの附属明細書の作成が必要である。

Answer

1 清算事務年度における事務報告

　清算法人は，清算事務年度ごとに貸借対照表，事務報告，貸借対照表の附属明細書及び事務報告の附属明細書を作成しなければならない（会法494①）。

　清算株式会社は，専ら清算事務の遂行を行うものであり，事務報告の中で清算事務の遂行に伴う財産処分に係る収益や清算費用を示す計算書となる。したがって，株主資本等変動計算書や損益計算書の作成は求められていない。

　事務報告については清算に関する事務の執行の状況に係る重要な事項を記載するとされているだけで，特に具体的な記載事項は定められていない（会規147）が，定性的な説明と進捗状況説明のための損益計算書又は収支計算書に相当するものが必要なため，次のような様式になると考えられる。

【図表3-8　清算事務年度の事務報告記載例】

令和××年×月×日～令和××年×月×日

1　収支の状況

支　　　出		収　　　入	
科　　　目	金　　額	科　　　目	金　　額
①　債務の弁済	×××	①　債権の取立て	×××
短 期 借 入 金	×××	受 取 手 形	×××
未　払　金	×××	売　掛　金	×××
②　清算費用	×××	②　資産の処分	×××
給　　　与	×××	棚 卸 資 産	×××

旅 費 交 通 費	×××	建　　　　物	×××
雑　　　　費	×××	投 資 有 価 証 券	×××
支出合計	×××	収入合計	×××
収支差額（収入の部－支出の部）			×××

2　清算事務の今後の見通し
　……………………………

3　その他清算事務に関する重要な事項
　……………………………

② 貸借対照表の作成

　清算中の各事務年度において作成する貸借対照表は，各事務年度に係る会計帳簿に基づき作成しなければならない（会規146①）。会計帳簿は，解散日現在の処分価格がスタートとなることに特に留意しなければならない。

【図表3－9　清算事務年度の貸借対照表記載例】
令和××年×月×日現在

資　産　の　部		負　債　の　部	
科　　　目	金　　額	科　　　目	金　　額
現　金　預　金	×××	短 期 借 入 金	×××
受　取　手　形	×××	未　払　金	×××
売　掛　金	×××	保　証　債　務	×××
棚　卸　資　産	×××	退 職 給 付 債 務	×××
建　　　　物	×××	純　資　産　の　部	
土　　　　地	×××	純　　資　　産	×××
投 資 有 価 証 券	×××		
長 期 貸 付 金	×××		
資産の部合計	×××	負債・純資産の部合計	×××

③ 貸借対照表の附属明細書

　重要事項の記載を求められているので，例えば固定資産の状況，借入金の内訳，保証債務の明細等が必要と考えられる。

4 事務報告の附属明細書

　事務報告の内容を補足する重要事項の記載が求められているが，具体的な規定はない。固定資産の処分の内訳記載等が想定される。

Question 37　清算結了時の財務書類

清算結了時にはどのような財務書類の作成が必要ですか。

Point

残余財産確定までの資金収支の動きがわかる決算報告の作成が必要である。

Answer

1　決算報告の作成

清算株式会社は，清算事務が終了したときは，遅滞なく，法務省令で定めるところにより，決算報告を作成しなければならない（会法507①）。そして，株主総会に提出して，その承認を受ける必要がある（会法507③）。

2　記載事項

前述（111頁参照）したとおり，決算報告の記載事項（会規150）は，以下のとおりとなる。

① 債権の取立て，資産の処分その他の行為によって得た収入の額
② 債務の弁済，清算に係る費用の支払その他の行為による費用の額
　※　ここでの対象は，「支出額及び未払の費用の額」とあるため，残余財産確定時の未払費用額に注意が必要である。想定される未払費用額としては，残余財産確定後に発生する事務所賃借料，清算人の報酬等，株主総会の開催費用，登記費用，税務申告費用等が想定される。
③ 残余財産の額（支払税額がある場合には，その税額及び当該税額を控除した後の財産の額）
④ 1株当たりの分配額（種類株式発行会社の場合は，各種類の株式1株当たりの分配額）

基本的に清算中の事務を通じて，どのような過程により，残余財産の確定に至ったかを報告するためのものである。したがって，解散の日の翌日から残余

財産確定の日までを期間として作成される。具体的には，清算開始時の現預金残高からスタートして残余財産の額までの動きを示すものであるから，収支ベースで作成されなければならない。

清算中の事務年度では，損益ベースの作成も差し支えなかったが，決算報告ではあくまでも収支ベースで作成しなければならない点に留意すべきである。

残余財産が金銭以外の資産である場合にはその財産の種類・価額を具体的に記載する必要がある。また，決算報告は，原則として，残余財産の分配も含めた清算事務が終了した後に作成するため，残余財産の分配の日が記載事項とされている。

【図表3-10　決算報告の記載例】

1　収入，支出及び残余財産の額 （自令和××年×月×日　至令和××年×月×日）		
科　　　　　目	金	額
収入　商品売却収入 　　　固定資産売却収入 　　　有価証券売却収入	××× ××× ×××	×××
支出　買掛債務支払 　　　借入金返済 　　　給料 　　　退職金 　　　租税公課 　　　清算諸費用	××× ××× ××× ××× ××× ×××	×××
剰余財産の増減額		×××
解散時残余財産額		×××
確定残余財産額		×××
2　1株当たりの分配額 　　　普通株式1株当たり分配額　××円（発行済株式総数×××株） 　　　残余財産の種類：現金 　　　残余財産の分配を完了した日：令和2年×月×日 　　　上記の通り清算完了したことをご報告します。 　令和2年×月×日 　　　　　　　　　　　　　　　　　　　　　　　　××株式会社 　　　　　　　　　　　　　　　　　　　　代理清算人　××××		

残余財産の分配をもって清算事務は終了し，実質的な清算の結了によって会社は消滅する。

2　解散にあたって作成する計算書類

3 貸借対照表及び財産目録における資産及び負債の評価

　会社が解散した場合，清算人は，その就任後遅滞なく，清算株式会社の財産の状況を調査し，解散日現在の貸借対照表並びに財産目録を作成する必要がある。会社法では，この財産目録は，処分価格を付すことが困難な場合を除いて処分価格を付すことになる。また，貸借対照表も同様の評価が付されることになる。ここに税務上と取扱いに違いが出てくるところである。そこで，今回は，会社法・会計上の財産価格の評価と作成についてまとめ，さらに税務上との相違点を明確にすることにした。

　現行制度下においては，会計基準は，あくまでも継続企業を前提としており，継続企業でないことが明らかである解散決議をした会社並びに，裁判所の管理下において一定の法定手続の実施により更正・再生を目指している会社等の資産及び負債の評価に関する考え方が明確にされていない。

　そこで実務上は，会計制度委員会研究報告第11号「継続企業の前提が成立していない会社等における資産及び負債の評価について」をもとにして，基本的な考え方の整理が行われている。

【参考文献】
- 右山昌一郎著『会社の清算実務についての問題点』大蔵財務協会（2010年12月）
- ひかりアドバイザーグループ編『会社清算の実務75問75答』清文社（2010年9月）
- 大沼長清，井上久彌，磯部和男編『設立・解散』ぎょうせい（2007年1月）
- 高野総合会計事務所編『会社解散・清算の税務と会計』税務研究会出版局（2007年6月）
- 植木康彦「改正された清算中の法人税申告の実務」週刊『税務通信』（No.3140・No.3143）
- 別冊税経通信『会社清算の法務＆税務　改定増補版』税務経理協会（2012年2月）
- 税務会計研究学会特別委員会『会社清算の財務会計』『税務会計研究』第23巻（2012年9月）

Question 38 財産目録・貸借対照表の作成

会社が解散時に作成すべき財産目録と貸借対照表の作成について，計上すべき資産と負債並びに資産・負債の評価に対する基本的な考え方を教えてください。

Point

財産価値のあるものが資産計上され，負債には法律上の債務が計上される。そして，原則として処分価格（清算価格）を付すことになる。

Answer

　清算人は，清算手続を通じて，財産を処分し債務を弁済して最終的には残余財産を株主に分配することになる。したがって，解散決議を行った会社の資産及び負債は，通常の事業活動の中で回収又は返済されるものではなく，清算手続といった特殊な状況下における回収又は返済が予定されるものである。

　このため，解散前の投資額（取得価額）に対する成果を清算手続の中で報告する意味は非常に薄く，解散会社はその資産及び負債の帳簿価格をすべて評価替えし，清算手続の実施状況を貸借対照表に適切に反映させる必要がある。

　この場合，解散会社は，清算手続において財産を換価処分する過程にあるため，解散会社の資産に付すべき評価額は，基本的には事業の清算を仮定した処分価額を付すことになると考えられる。また，負債については，基本的に債権調査により確定された評価額や清算業務に必要な費用の合理的な見積額をもって計上することになると考えられる。なお，キャッシュフローを伴わない項目（繰延資産，経過勘定など）は，貸借対照表に計上されないこととなる。

　繰り返しになるが，実態貸借対照表は適正な期間損益計算を行うための計算書類ではない。したがって，繰延資産や引当金，さらに税効果に伴い計上される繰延税金資産・負債は計上されない。特に負債については法的債務性のあるものは原則として計上する必要がある。例えば，ファイナンスリースのように

解約した場合に解約金が発生する見込みのあるものについては未払金として計上する必要があることに留意されたい。

Question 39　処分価格の算定方法

各勘定科目別の処分価格算定方法について教えてください。

Point

処分価額は売却見積額から売却コストを控除した金額である。

Answer

以下，勘定科目別に具体的な処分価額をまとめたのが以下の表である（日本公認会計士協会会計制度委員会研究報告第11号参照）。

科　　目	評　価　方　法
現金	解散日までの経過利息を未収入金に計上
金銭債権	個別債権残高から，貸倒見込額及び取立費用を控除した価額 貸付金は解散日までの経過利息を未収入金に計上
たな卸資産	売却可能価額から売却費用を控除した価額
有価証券	市場性があるものは時価から売却費用を控除した価額 市場性がないものは処分可能価額から処分費用を控除した価額
前払費用	契約解除による現金回収可能見込額を未収入金に計上 借入金利息の前払は原則としてゼロ評価
土地（借地権を含む） リース資産	時価（近隣の取引価額又は公示価格等）から処分費用を控除した価額 建物等を取り壊して更地として処分する場合はその取壊費用をさらに控除 リース契約解除後により取得する固定資産の実際の処分価額から処分費用を控除した金額
その他の有形固定資産	処分可能価額から処分費用を控除した価額
無形固定資産	原則としてゼロ評価 処分可能なものは処分可能価額から処分費用を控除した額
繰延資産	ゼロ評価

税務上の繰延資産	契約解除による現金回収見込額を未収入金に計上
未払金	リース契約の解除に伴う違約金を一括未払金計上 契約解除により取得する固定資産は，その他の固定資産と同様の評価
借入金	解散日までの経過利息を未払金に計上
退職給付引当金	解散日現在での会社都合による要支給額を未払金に計上
法人税・住民税・事業税	事業年度開始日から解散日までの期間に係る所得金額に対する確定税額を未払金に計上 清算所得に対する税額を見積り概算計上
偶発債務	割引手形の両建て計上 保証債務の履行が確実に見込まれるものは履行額を未払計上

補足しておくと，

① 金銭債権については，税務上の評価ではないので損金算入要件は関係しない。

② 前払費用，仮払金は現金回収が見込まれるもの以外は原則ゼロ評価である。

③ 繰延資産については現金回収が見込まれるものは未収入金となるが費用性のものはゼロ評価となる。

④ 未払金は法的債務性のあるものが計上される。ファイナンスリースは法的債務性がある。

⑤ 未払退職給与は会社都合で算定する。

なお，税務上の取扱いに大きく影響する項目として未払法人税等の取扱いがあった。この問題について，平成24年11月2日に法人が解散した場合の設立当初からの欠損金額の損金算入制度（法法59③）における『残余財産がないと見込まれるときの判定で，未払法人税等を負債に計上した際の債務超過の判定』において，国税庁ホームページ上に公表された質疑応答事例で明らかになったのでここで補足したい。

結論は，未払法人税等を計上した状況により，反映されることに統一されたがその理由として次のように記されている。

> 　一般的に実態貸借対照表を作成するにあたっては，事業年度終了の時において有する資産に係る含み損益，退職が見込まれる従業員に将来支給する退職金など，その時において税務上損益の実現を認められないものであっても，法人の清算にあたって実現が見込まれる損益まで考慮して，その作成がされているところです。
> 　このようなことからすれば未払法人税等についても清算中の事業年度（適用年度）において税務上損益の実現は認められないものでありますが，実態貸借対照表の作成時の状況で将来発生が見込まれるものであることから，その実態貸借対照表に計上しているものと考えられます。

Question 40　実態貸借対照表作成の意義

税務上は損益課税方式を採用しており，継続ベースで財務書類を作成しますが，実態貸借対照表の重要性について教えてください。

Point

残余財産がないと見込まれるときの判断基礎となる。

Answer

　実態貸借対照表の作成は，税務上の取扱いと重要な関係がある。平成22年度税制改正において，清算所得課税制度は見直され，財産課税方式が廃止されて，損益課税方式に変更された。

　この結果，仮に債務超過の状態であっても債務免除益や資産譲渡益等が青色欠損金を超えて発生してしまう場合には，法人税等が課税されることが生じる。清算手続では資産の換価は必至であるため，必然的に資産の譲渡益・譲渡損が発生しやすい環境にあり，そのままでは円滑な清算を阻害する事態を招く恐れがある。

　そこで一定の条件のもとで期限切れの欠損金についても控除を認める措置がとられることになった(注)。

(注)　植木康彦「法人が解散した場合の「残余財産がないと見込まれるとき」の判定をめぐって」，『税経通信』2013年2月号，43頁，税務経理協会

　その一定の条件について法人税法59条3項で「清算の各事業年度末において実態貸借対照表が債務超過の場合」と定めている。

　この要件を充たすためには，処分価額で作成した計算書類（清算貸借対照表）で純資産がマイナスであることを示す必要がある。したがって，会社法によって作成される清算貸借対照表は，単に会社法における残余財産の確定のみならず，税務上の観点からも非常に重要であると言える。

　また，他の要件とその必要資料は以下のとおりである。

① 清算型の法的整理手続である破産又は特別清算の手続開始の決定又は開始の命令がなされた場合

「破産手続開始決定書の写し」「特別清算開始決定書の写し」

② 再生型の法的整理手続である民事再生又は会社更生の手続開始の決定後,清算手続が行われる場合

「民事再生又は会社更生の手続開始の決定の写し」

税務上,「残余財産がないと見込まれる書類」は原則的には公的機関が証明した書類をいい,当該書類がない場合には実態貸借対照表により自己証明することになる。

Question 41　清算所得に対する税額の見積り計上

　実態貸借対照表において，解散年度開始日から解散日までの期間に係る所得金額に対する確定税額を未払金に計上するほかに，清算所得に対する税額を見積り概算計上して，残余財産がないと見込まれることを判定することは認められるのでしょうか。

Point

　清算所得に対する税額の見積り計上額を反映できる。

Answer

　税務上の取扱いにも大きく影響する項目として未払法人税等の取扱いがあったが，見解が統一されていない状態であった。Q39 で記したとおり，当局より平成24年11月2日に法人が解散した場合の設立当初からの欠損金額の損金算入制度（法法59③）における『残余財産がないと見込まれるときの判定で，未払法人税等を負債に計上した際の債務超過の判定』について国税庁ホームページ上に質疑応答事例が公表され明らかにされたのである。

　結論として未払法人税等を計上した状況により反映されることに統一されたのである。つまり，未払法人税等を計上して，判断されるのである。

4 残余財産の確定と分配の会計処理

　清算人が行うべき重要な清算事務は，残余財産の確定と残余財産の分配の2つである。その業務過程は，現務の結了，債権の取立て，さらに債務の弁済といった一連の業務を通じて残余財産を確定し，これを株主に分配することである。

　そこで本稿では，残余財産の確定並びに残余財産の分配という2つの過程に分け，それぞれの手続・会計処理についてまとめた。

Question 42 清算結了時の財務書類の作成

清算結了時にはどのような財務書類の作成が必要ですか。

Point

残余財産確定までの資金収支の動きがわかる決算報告の作成が必要である。

Answer

清算人は，解散の決議がなされた後，解散時に有していた商品在庫や備品・設備等の固定資産，有価証券等の売却や処分を進め，財産の換価を進めることになる。また，債権の取立て・回収が重要な作業となるが，同時に従業員の雇用契約の解消，不動産の賃貸借契約，さらにはリース契約の解除なども進められることになる。

【図表3－11】

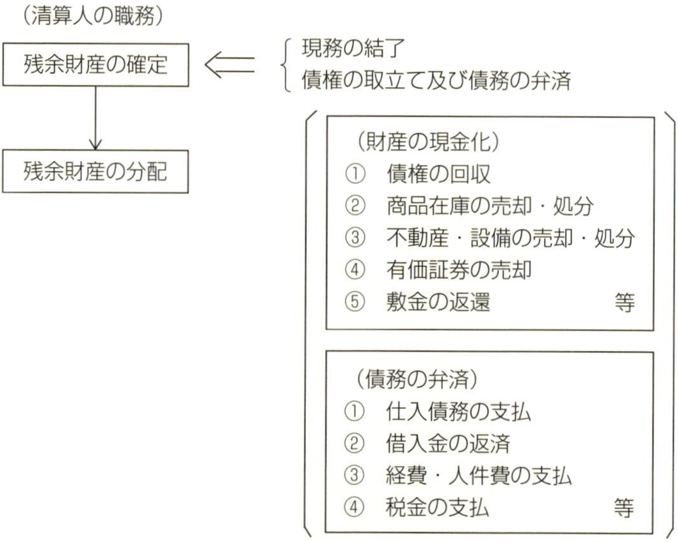

（清算人の職務）

残余財産の確定 ← { 現務の結了
　　　　　　　　　　債権の取立て及び債務の弁済 }

↓

残余財産の分配

（財産の現金化）
① 債権の回収
② 商品在庫の売却・処分
③ 不動産・設備の売却・処分
④ 有価証券の売却
⑤ 敷金の返還　　　　等

（債務の弁済）
① 仕入債務の支払
② 借入金の返済
③ 経費・人件費の支払
④ 税金の支払　　　　等

一方，並行して買掛金等の仕入債務の支払や借入金等の返済，各種経費・人件費の支払，税金の支払並びに債務の弁済，さらには債務の免除等，負債の整理が進められる。

1　決算報告の作成

　清算株式会社は，清算事務が終了したとき，遅滞なく，法務省令で定めるところにより，決算報告を作成しなければならない（会法507①）。そして，株主総会に提出して，その承認を受ける必要がある（会法507③）。

2　記載事項

　決算報告の記載事項（会規150）は，以下のとおりである。
① 　債権の取立て，資産の処分その他の行為によって得た収入の額
② 　債務の弁済，清算に係る費用の支払その他の行為による費用の額
③ 　残余財産の額（支払税額がある場合には，その税額及び当該税額を控除した後の財産の額）
④ 　1株当たりの分配額（種類株式発行会社の場合は，各種類の株式1株当たりの分配額）

　基本的に清算中の事務を通じて，どのような過程により，残余財産の確定に至ったかを報告するためのものである。したがって，解散の日の翌日から残余財産確定の日までを期間として作成される。具体的には，清算開始時の現預金残高からスタートして残余財産の額までの動きを示すものであるから，収支ベースで作成されなければならない。

　清算中の事務年度では，損益ベースの作成も差し支えなかったが，決算報告ではあくまでも収支ベースで作成しなければならない点に留意する必要がある。

　残余財産が金銭以外の資産である場合にはその財産の種類・価額を具体的に記載する必要がある。また，決算報告は，原則として，残余財産の分配も含めた清算事務が終了した後に作成するため，残余財産の分配の日が記載事項とされている。

【図表3-12　決算報告の記載例】

1　収入，費用及び残余財産の額

(自令和2年×月×日　至令和2年×月×日)

科　　目	金　　額	
収入　商品売却収入 　　　固定資産売却収入 　　　有価証券売却収入	××× ××× ×××	×××
費用　商品売却収入 　　　商品廃棄損 　　　固定資産売却原価 　　　固定資産処分損 　　　有価証券売却原価 　　　清算諸費用	××× ××× ××× ××× ××× ×××	×××
利益剰余金の増減額		×××
解散時残余財産額		×××
確定残余財産額		×××

2　1株当たりの分配額

　　普通株式1株当たり分配額　××円（発行済株式総数×××株）

　　残余財産の種類：現金

　　残余財産の分配を完了した日：令和2年×月×日

　　上記のとおり清算完了したことをご報告します。

　令和2年×月×日

　　　　　　　　　　　　　　　　　　　　××株式会社
　　　　　　　　　　　　　　　　　　　　代理清算人　××××

Question 43 残余財産確定までの会計処理

残余財産確定までにはどのような会計処理が計上されますか。

Point

財産の現金化と債務の弁済について会計処理が行われる。

Answer

債権・債務の整理，借入金等の返済以外に想定される主な仕訳を以下のようにまとめた。

① 棚卸資産の売却

簿価5,000千円の在庫を4,000千円で売却した。

(借)現 金 預 金	4,000	(貸)商品売却収入	4,000
(借)商品売却原価	5,000	(貸)棚 卸 資 産	5,000

② 棚卸資産の廃棄処分

簿価1,000千円の在庫を100千円のコストをかけて廃棄した。

(借)商 品 廃 棄 損	1,100	(貸)棚 卸 資 産	1,000
		現 預 金	100

③ 固定資産・有価証券等資産の売却

①と同様となる。

④ 固定資産の廃棄処分

②と同様となる。

⑤ 不動産の賃貸借契約解除と敷金の返還

賃貸物件の契約解除を行った。結果，当初預け入れていた敷金800千円から原状回復費300千円を差し引いた500千円が返還された。

(借)現 預 金	500	(貸)敷金保証金	800
解 約 損	300		

⑥ 従業員解雇と退職金支払

　従業員解雇に伴う退職金10,000千円が発生した。

　（借）退　職　金　　10,000　　（貸）現 金 預 金　　10,000

その他に各種経費の未払金支払，リース契約解約に伴う残債の支払並びに未払税金等の支払が計上されることになる。

Question 44 債務弁済前に財産分配を行う場合

債務弁済前に株主に対して2,000千円の財産分配（現金分配）を行うこととしました。会計処理はどのようになりますか。

Point

残余財産の一部分配には，残余財産の前払的性格がある。

Answer

残余財産分配の会計処理について，基本的な考え方は以下のとおりである。
① 残余財産の一部を分配した場合には残余財産の前払と考える。
② その後残余財産が確定し，最後分配を行ったときは，残余財産確定後に支払を予定している未払費用と未払税金を差し引いて純資産が算定される。
③ 残余財産の最後の分配が行われたときは，株主に対する出資持分の分配として純資産が全額，差し引かれる。

残余財産の分配をもって清算事務は終了し，実質的な清算の結了によって会社は消滅する。

清算株式会社は，基本的に債務を弁済した後でなければ，その財産を株主に分配できない（会法502）。しかし，実務的には，清算事務の過程で，債務そのものの存在の確認や債務金額の確定に時間を要することが想定される。そこで会社法では，その在否又は額について争いのある債権に係る債務についてその弁済をするために必要と認められる財産を留保した場合には，残余財産の一部分配が，認められる取扱いとなっている（会法502ただし書）。

仮に債務弁済前に財産2,000千円を株主に分配したと仮定する。この処理は，残余財産の前払的性格と考え，仮払金又は前払金として会計処理を行うことになる。

　（借）仮　払　金　2,000,000　　（貸）現　金　預　金　2,000,000

また，上述のとおり，会社法502条は債務の弁済をするために必要と認められる財産を留保することを求めている。そこで，財産留保に係る備忘仕訳を行うべきであろう。ちなみに土地を処分して債務弁済に充てるのであれば（借方）財産留保額，（貸方）土地という備忘仕訳となる。

Question 45 残余財産確定時の留意点

その後，残余財産が確定しました。貸借対照表の作成において留意すべき事項があれば教えてください。

Point

残余財産確定時においても未払費用が残っている可能性がある。

Answer

繰り返しになるが，清算株式会社は，清算事務が終了した時，遅滞なく決算報告をしなければならない（会法507）。そして，その決算報告には会社法施行規則150条において，次の事項の記載を求めている。

① 債権の取立て，資産の処分その他の行為によって得た収入の額
② 債務の弁済，清算に係る費用の支払その他の行為による費用の額
③ 残余財産の額（支払税額がある場合には，その税額及び当該税額を控除した後の財産の額）
④ 1株当たりの分配額

以上のとおりであるが，①において「収入」と規定されている一方で，②においては「費用」となっている点に留意すべきであろう。つまり，ここでは未払費用の計上が求められていると理解される。

さて，未払費用として計上される内容としては，残余財産確定後に発生する事務所賃借料，清算人の報酬，税務申告手数料，株主総会の開催費用，清算結了の登記費用等が想定される。

次頁に残余財産確定貸借対照表の例を示す。

【図表3-13】
残余財産確定貸借対照表

現 金 預 金	11,000,000	未 払 金 （未 払 費 用）	1,000,000
仮 払 金 （残余財産分配仮払金）	2,000,000	未 払 税 金 純 資 産 $\begin{pmatrix}資本金\\利益剰余金\end{pmatrix}$	2,000,000 10,000,000
	13,000,000		13,000,000

Question 46 残余財産分配の会計処理

残余財産の最終分配の会計処理を教えてください。

Point

債務弁済が完了した後の残財産で株主に分配される。

Answer

　未払金と未払税金に対応する現預金以外について，最後分配が行われることになる。税務上は，資本金等の額の減少と，残余財産の分配額から資本金等の額の減少額を減算した残額について利益積立金額の減少を認識し，分配額を受け取った株主に対してみなし配当等の問題が生じてくるが，会計処理としては以下のようになる。

(借) 純　資　産　10,000,000　　(貸) 現　金　預　金　8,000,000
　　　　　　　　　　　　　　　　　　　仮　　払　　金　2,000,000

　なお，旧商法においては，清算中の株式会社の残余財産の分配は金銭交付が原則であり，金銭以外の財産については基本的に換金する必要があった。また，現物による分配も総株主の同意が必要とされた。しかし，実務とは合致していなかった現実がある。そこで会社法では，金銭以外の財産による残余財産分配が可能であることを明確化し（会法504①一），さらに各株主は現物による残余財産の分配に代えてその価額に相当する金銭の分配を請求することができるようになった（会法505①・③）。

5 解散・清算における会計基準

　平成22年度税制改正において，清算所得課税が廃止され，解散後も各事業年度通常所得に対して法人税を課すこととされた。

　改正前における所得金額は，残余財産をもとにした財産計算により算定されていたが，この所得金額は，基本的に清算期間中における事業からの損益と資産等を処分した際の譲渡損益によって構成されるものであるから，損益計算により算出した金額と同様の所得金額を課税ベースとすることを理由に，最近の黒字清算や法形式のみの解散に対処するために通常の所得課税方式に移行したのである。その結果，税務上は継続企業を前提とした企業会計基準を遵守する必要が生じてくると理解しなければならないであろう。

　しかし，会社法や企業実務では，解散は，基本的に継続企業を前提と考えていない。とすると準拠すべき会計基準をどう考えるのであろうか。そこに両者の整合を検討しなければならない原因がある。

【参考文献】
- 右山昌一郎著『会社の清算実務についての問題点』大蔵財務協会（2010年12月）
- ひかりアドバイザーグループ編『会社清算の実務75問75答』清文社（2010年9月）
- 大沼長清，井上久彌，磯部和男編『設立・解散』ぎょうせい（2007年1月）
- 高野総合会計事務所編『会社解散・清算の税務と会計』税務研究会出版局（2007年6月）
- 植木康彦「改正された清算中の法人税申告の実務」週刊『税務通信』（No.3140・No.3143）

Question 47　適用すべき会計基準

現行制度は，継続企業を前提とする会計基準で構成されていると考えられていますが，継続企業でないことが明らかな会社の場合，いかなる会計基準を適用すべきなのでしょうか。

Point

日本公認会計士協会・会計制度委員会研究報告第11号が準拠すべき会計基準となる。

Answer

現行制度会計では，継続企業を前提とした会計基準のみが存在している。しかし，継続企業でないことが明らかな解散決議をした会社のほか，裁判所の管理下において一定の法定手続の実施により更正・再生を目指している会社等に関しては，従来，資産及び負債の評価に関する考え方が明確にされていなかった。

そこで平成17年4月12日付で日本公認会計士協会・会計制度委員会より，研究報告第11号「継続企業の前提が成立していない会社等における資産及び負債の評価について」が公表され，基本的な考え方の整理が行われた。

Question 48 継続企業を前提とする会計基準

なぜ，現行制度会計における会計基準では，継続企業を前提とする会計基準しか存在しないのでしょうか。その理論的な背景を教えてください。

Point

継続企業の公準が基礎的な前提条件・基礎概念になっている。

Answer

会計公準の理論的展開について，ここでは，新井清光早稲田大学名誉教授の著書（川村義則早稲田大学商学学術院教授補訂）『現代会計学』を参照したい。

一般に企業会計を支える理論的な仕組みは，①上部構造としての会計手続論②中間構造としての会計原則論③下部構造としての会計公準論とされている。

会計公準は企業会計の基礎的な前提条件・基礎概念であり，会計原則は，企業会計の基本的な行為規範・行為基準とされる。さらに会計手続は具体的な会計手法・技術である。

基礎的な前提条件である会計公準は，企業実体の公準，継続企業の公準，貨幣的測定の公準から構成されている(注1)。

そして，継続企業の公準は企業が企業活動を恒久的に継続されることを前提とすることを明確にする公準とされる。そのため，企業会計は企業の経営成績や財政状態を一定期間別に捉えることが必要となるのである。要するに継続企業の公準は，「企業会計を期間別に行う」という基礎的考えを示す公準であり，いわば企業会計における時間的な区切り又は時間的限定をしているものである(注2)。

（注1） 新井清光・川村義則著『現代会計学』（第12版）30頁，中央経済社（2011年3月）
（注2） 同上31頁

【図表3-14】

上部構造	------	会計手続論
中間構造	------	会計原則論
下部構造	------	会計公準論

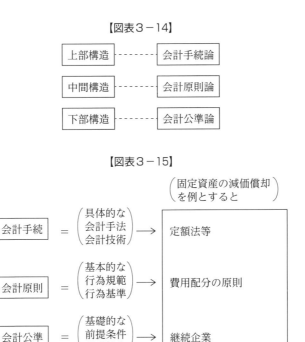

Question 49　継続企業の前提が成立していない場合

会計制度委員会研究報告第11号の継続企業の前提が成立していない会社に関する基本的な考え方を教えてください。

Point

継続企業を前提とした会計基準では，会社の状況を適切に反映できない。

Answer

　一般に公正妥当と認められる企業会計の基準は，継続企業を前提として設定されている。したがって，会社の資産及び負債をすべて時価評価することは想定されていない。つまり，解散会社のように継続企業の前提が成立していないことが明らかな会社が，従来と同様に，継続企業を前提として財務諸表を作成したのでは，財務諸表が当該会社の状況を適切に反映することは困難となる。

　そこで，解散会社のように継続企業を前提として財務諸表を作成することが適当でない場合においては，継続企業を前提とする会計基準を適用するのではなく，会社の資産及び負債をすべて評価替えし，財務諸表の利用者に対し会社の状況に関する情報を提供できるようにすべきものと考えられる。

　清算人は，清算手続を通じて，財産を処分し債務を弁済して最終的に残余財産を株主に分配することとなるため，解散決議を行った会社の資産及び負債は，通常の事業活動の中で回収又は返済されるものではなく，清算手続といった特殊な状況下における回収又は返済が予定されるものである。

　したがって，解散会社においてはその資産及び負債の帳簿価額をすべて評価替えし，清算手続の実施状況を貸借対照表に適切に反映させる必要がある。

　そこで，解散会社の資産に付すべき評価額は，基本的には事業の清算を仮定した処分価額を付すことになると考えられる。また，負債については，基本的に債権調査により確定された評価額や清算業務に必要な費用の合理的な見積額をもって計上することになると考えられる。その結果，キャッシュ・フローを

伴わない項目（繰延資産，経過勘定など）は，貸借対照表に計上されないこととなる。

Question 50　提供される財務情報

継続企業を前提としていない企業会計により提供される財務情報はどのような内容になるのでしょうか。

Point

解散の場合，債権者や株主に対する返済・分配原資に関する情報が求められる。

Answer

解散や再生の場合，各利害関係者の置かれた状況により，財務情報の利用は多様である。例えば，業績不振等により倒産リスクが高まっている会社の債権者にとっては今後返済がどの程度見込めるのか，また，株主にとっては今後株価や株主権（議決権，残余財産分配請求権など）がどの程度影響を受けるのかといった点が重要な関心事であると考えられる。さらに，自力再建が不可能な状況下においては，このような重大な関心事に対応して，会社を解散する場合の財務情報及び会社を継続する場合の財務情報が必要となり，これに基づいて最終的に利害関係者は解散と継続のいずれが有利かを判断し，当該会社の方向性を意思決定することとなる。

つまり，継続企業の前提が成立していない会社において作成される財務諸表は，利害関係者の多様な関心に対応した情報を提供するというよりも，例えば，解散会社の場合には解散を前提とした上で債権者や株主に対する返済・分配原資に関する情報を提供するものである。また，更生会社の場合には更生を前提とした上で更生後の損益計算に関する会計上の基礎を提供するものであるということができる。

以上から，解散会社や更生会社など，継続企業を前提として財務諸表を作成することが適当でない場合においては，継続企業を前提とする会計基準を適用するのではなく，会社の資産及び負債をすべて評価替えし，財務諸表の利用者

に対し会社の状況を提供できるようにすべきものと考える。

【図表3-16】

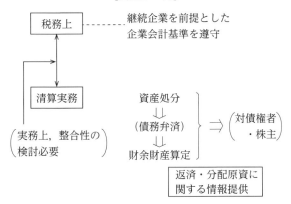

Question 51　法人税，会社法，企業会計の関係

各事業年度の所得に対する法人税と，会社法，企業会計実務との矛盾点についてまとめてもらえますか。税務上，遵守すべき企業会計基準は，どのように理解すべきですか。

Point

税務上は，継続企業を前提とした企業会計基準を遵守すべきである。

Answer

繰り返しになるが，平成22年度の税制改正により，清算所得課税が廃止され，解散後も各事業年度の所得に対して法人税を課することとされた。

すなわち改正前は，清算所得の金額について，残余財産の時価純資産額から解散時の簿価純資産額を控除する財産法により算定されたが，通常の所得課税方式へ移行されたのである。

結果，税務上，基本的には継続企業を前提とした企業会計基準を遵守する必要があると理解すべきであろうと考える。

しかし，清算実務は，清算人によって財産を処分し，債務を弁済して最終的には残余財産を株主に分配する財産計算である。したがって，成果計算によらず解散を前提とした上で債権者や株主に対する返済・分配原資に関する情報を提供するものでなければならない。したがって，税務とは違う観点からの要請が，会計上からはなされていることになる。

以上のように清算所得課税制度廃止から通常課税制度への移行は，法人税法上の「一般に公正妥当な会計処理の基準に従って計算されるものとする」（法法22④）及び「確定した決算に基づき（中略）申告書を提出しなければならない」（法法74①）といった規定に対して実務上，どのように対応すべきなのかについて今後はさらなる検討が必要であろう。

6 継続企業を前提としていない会社の会計と監査

　企業会計審議会は，平成14年1月25日に「監査基準の改訂に関する意見書」を公表した。その後は，この公表が契機となり，わが国も継続企業の前提に関する開示と監査が制度化された。当制度は，平成15年3月期より実施されてきたが，時間の経過とともに様々な問題提起を抱えつつも，実務上は，定着してきた感がある。

　監査基準では，経営者は，継続企業の前提が成立しているかどうかを判断し，継続企業の前提に重要な疑義を抱かせるような事象や状況については，適切な開示を行うことを求めていた。しかし，継続企業の前提が成立していないことが明らかな場合，経営者はいかなる会計基準を適用して財務諸表を作成すればよいのか不明確であった。

　そこで継続企業を前提としていない会社の資産及び負債の評価に関する基本的な考え方を整理し，実務上の取扱いを明確にするため，日本公認会計士協会は，会計制度委員会研究報告第11号「継続企業を前提としていない会社等における資産及び負債の評価について」を平成17年4月12日に公表したのである。

　そこで，本稿では，継続企業を前提にしていない会社の場合の開示，解散決議後の監査役制度，監査上の取扱いについて検討することにした。

【参考文献】
- 右山昌一郎著『会社の清算実務についての問題点』大蔵財務協会（2010年12月）
- ひかりアドバイザーグループ編『会社清算の実務75問75答』清文社（2010年9月）
- 大沼長清，井上久彌，磯部和男編『設立・解散』ぎょうせい（2007年1月）
- 高野総合会計事務所編『会社解散・清算の税務と会計』税務研究会出版局（2007年6月）
- 植木康彦「改正された清算中の法人税申告の実務」週刊『税務通信』（No.3140・No.3143）

- 野村智夫・竹俣耕一編著『企業再建・清算の会計と税務』(第4版) 中央経済社 (2011年1月)

Question 52　継続企業の前提に関する開示

継続企業の前提に関する開示についてその経緯を教えてください。

Point

平成14年公表「監査基準の改訂に関する意見書」がスタートとなっており，その後は会計制度委員会研究報告第11号がポイントとなる。

Answer

継続企業の前提に関する開示については，まず，平成14年1月25日に企業会計審議会より公表された「監査基準の改訂に関する意見書」を受けて，平成14年10月18日付「財務諸表の用語，様式及び作成方法に関する規則」「連結財務諸表の用語，様式及び作成方法に関する規則」が改正された。そして，平成15年3月1日以後に終了する事業年度より適用された。

また，同時期に日本公認会計士協会からは，平成14年11月6日付で監査・保証実務委員会報告第74号「継続企業の前提に関する開示」が公表された。

さて，監査基準では，経営者は継続企業の前提が成立しているかどうかを判断し，継続企業の前提に重要な疑義を抱かせる事象や状況について適切な開示を行うことが求められている。しかし，当時の制度下においては継続企業を前提とする会計基準のみ存在しており，継続企業を前提としていない解散決議をした会社などに対する資産・負債の評価に関する考え方が明確にされていなかった。

そこで平成17年4月12日に日本公認会計士協会より会計制度委員会研究報告第11号「継続企業の前提が成立していない会社等における資産及び負債の評価について」が公表され，継続企業を前提とする会計基準の適用に関する問題点や資産及び負債の評価に関する会計上の基本的な考え方が整理されたのである。

その後，継続企業の前提に関する監査の実施手続に係る規定の見直しが行わ

れ，平成21年4月20日付で「財務諸表の用語，様式及び作成方法に関する規則」等の関係府令が改正された。同時に監査・保証実務委員会報告第74号も見直しが行われたのである。

Question 53　会計制度委員会研究報告第11号

会計制度委員会研究報告第11号(以下研究報告11号)の内容について教えてください。

Point

清算型並びに再建型整理手続に至った会社の会計処理に唯一対応したものである。

Answer

1　対象会社

研究報告第11号では,実務上,継続企業の全体が成立しているかどうかの判断が困難な場合と想定されるケースとして,解散会社(解散を決議した会社),更生会社(更生手続の開始決定を受けた受けた会社),民事再生会社(民事再生手続きの開始決定を受けた会社),被合併会社(合併により消滅する会社)としている。

2　研究報告第11号の結論

① 会社更生手続においては,会社更生法に計算規定があり,会社更生法の法的本質論から全面的時価評価が容認される。
② 民事再生手続においては民事再生開始決定手続に至った会社は継続企業の前提が成立していない会社とは断言できず,また,民事再生法に計算規定もないため,会社法の計算規定に従うことになる。したがって,全面的時価評価はなし得ないものである。
③ 解散会社においては,その資産・負債の帳簿価額をすべて評価替し,清算手続の実施状況を貸借対照表に適切に反映させる必要がある。

３　解散会社における資産・負債の評価

　清算人は，清算手続を通じて，財産を処分し債務を弁済して最終的に残余財産を株主に分配する。したがって，通常の事業活動に中での回収でなく，清算手続という特殊な状況下での回収及び返済となるため，資産・負債の帳簿価額のすべてを評価替えすることになる。

　解散会社の資産に付すべき評価額は，基本的に事業の清算を仮定した処分価額を付すことになる。また，負債については基本的に債権調査により確定された評価額や清算業務に必要な費用の合理的な見積額を計上されることになる。なお，キャッシュ・フローを伴わない繰延資産，経過勘定は貸借対照表に計上されないことになる。

Question 54　継続企業の前提に基づく財務諸表

継続企業の前提に基づく財務諸表の基本的な考え方を教えてください。

Point

経営者は継続企業としての不確実性について判断し，適切な開示を行うことが必要である。

Answer

　財務諸表は，一般に公正妥当と認められる企業会計の基準に準拠して作成される。その会計基準は，継続企業が前提と解されている。そのことは，財務諸表に計上されている資産及び負債が，将来の継続的な事業活動において回収又は返済されることが予定されていることを意味する。しかし，企業は，様々なリスクや日々変化する環境下の中で，事業活動を行っており，将来にわたって継続できるかどうかは，常に不確実性を伴うところである。したがって，継続企業を前提で作成された財務諸表ではあるが必ずしも将来にわたって，事業活動を継続して営み得ることを保証するものではない。

　さて，財務諸表の作成責任者はあくまでも経営者である。必然的に継続企業の前提が適切であるかどうかを評価することは経営者の責務である。当然，常にリスクに対する対策を取るべく行動をしているであろう。同時に継続企業の前提に重要な疑義が生ずるような事象等は幅広く検討を加えなければならず，たとえ，継続企業の前提に関する重要な不確実性が認められるまでに至らない場合であっても適切に表示する必要がある。

　以上のような基本的考え方から，「企業内容等の開示に関する内閣府令」は，継続企業の前提に関する注記を開示するまでには至らない場合であっても，継続企業の前提に重要な疑義を生じさせるような事象又は状況が存在する場合には有価証券報告書にその旨内容等を開示することを求めている。

　また，会社法に基づく事業報告においても，会社法施行規則120条1項4号，8号及び9号に基づき，同様に適切な開示を求めている。

Question 55 継続企業の前提に重要な不確実性がある場合の監査意見

継続企業の前提に関する重要な不確実性と監査意見の関係について，問題点と現在の取扱いについて教えてください。

Point

追加情報付適正意見や意見不表明など実務対応に幅が見られた。

Answer

　平成14年1月25日付企業会計審議会公表の「監査基準の改訂について」によれば企業の前提が成立していない場合の監査人の対応について，「ただし，事業の継続が困難であり継続企業の前提が成立していないことが一定の事実をもって明らかなときは不適正意見を表明することになる」（前文三6(2)）と定められている。さらに監査実務指針第24項では，「監査人は，継続企業の前提が成立していないことが一定の事実をもって明らかな場合において，財務諸表が継続企業の前提に基づいて作成されているときは，不適正意見を表明する」とされている。

　しかし，実務上は監査報告書に監査意見を表明しない旨が記載される場合（意見不表明）がある。また，継続企業の前提が成立していないと判断されるまでに至っていない場合においても追加情報付適正意見の表明又は意見不表明といったように，監査人の実務対応に幅が見られた。

　これは，継続企業の前提が成立していないと判断される会社が開示すべき財務諸表の内容や資産及び負債の評価基準が明確にされていないことに起因していると考えられる。

　そこで平成22年3月26日企業会計審議会より公表された「監査基準の改訂について」では，報告基準の中の「六　継続企業の前提」において以下のように整理された。

1　監査人は，継続企業を前提として財務諸表を作成することが適切であるが，継続企業の前提に関する重要な不確実性が認められる場合において，継続企業の前提に関する事項が財務諸表に適切に記載されていると判断して無限定適正意見を表明するときには，継続企業の前提に関する事項について監査報告書に追記しなければならない。

2　監査人は，継続企業を前提として財務諸表を作成することが適切であるが，継続企業の前提に関する重要な不確実性が認められる場合において，継続企業の前提に関する事項が財務諸表に適切に記載されていないと判断したときには，当該不適切な記載についての除外事項を付した限定付意見を表明するか，又は，財務諸表が不適正である旨の意見を表明し，その理由を記載しなければならない。

3　監査人は，継続企業の前提に重要な疑義が生じさせるような事象又は状況に関して経営者が評価及び対応策を示さないときには，継続企業の前提に関する重要な不確実性が認められるか否かを確かめる十分かつ適切な監査証拠を入手できないことがあるため，重要な監査手続を実施できなかった場合に準じて意見の表明の適否を判断しなければならない。

4　監査人は，継続企業を前提として財務諸表を作成することが適切でない場合には，継続企業を前提とした財務諸表について不適正である旨の意見を表明し，その理由を記載しなければならない。

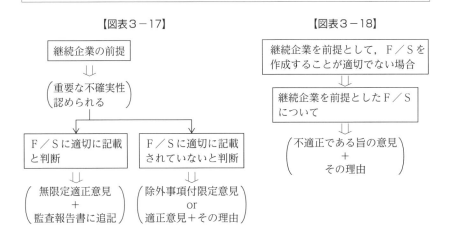

なお，2018年7月5日付で企業会計審議会監査部会より，「監査基準の改訂に関する意見書」が公表されている。これは監査報告書に「監査上の主要な検討事項」の記載を求めるものである。

Question 56 継続企業の前提が成立していない一定の事実

継続企業の前提が成立していない一定の事実とはどんな事実でしょうか。

Point

解散決議や更生手続開始決定等も含まれると考えられる。

Answer

監査実務指針第18項では，次のように例示している。

① 更生手続開始決定の取消し，更生計画の不認可
② 再生手続開始決定の取消し，再生計画の不認可
③ 整理開始後の破産宣告
④ 破産法の規定による破産の申立て
⑤ 商法の規定による特別清算開始の申立て
⑥ 法令の規定による整理手続によらない関係者の協議等による事業継続の中止に関する決定
⑦ 行政機関による事業停止命令

以上であるが，例示は，決定的な場合のみとなっており，例示以外に解散決議や更生手続の開始決定等も含まれると考えられる。ただし，その場合には，今後，継続企業の前提が成立していない会社等に関する会計上の取扱いが明確にされていることが前提となる。

Question 57 解散決議後の監査役又は監査役会

監査役又は監査役会について，解散決議後の位置づけと求められる監査の内容について教えてください。

Point

監査役の設置は任意である。

Answer

1 監査役

監査役の設置は任意である（会法477②）。したがって，解散前，定款に監査役を置く旨を定めていれば，定款変更しない限り，清算株式会社においても定款の定めが適用される。

ただし，清算株式会社となった時点で公開会社，大会社であった会社は監査役を置かなければならず，監査役の設置は不要とはならない（会法477④）。つまり，解散時に公開会社であった株式会社には，監査役を1人以上設置することが義務付けられている。また，仮に清算開始後に定款変更して，全株式譲渡制限会社となった場合や負債が減少して大会社に該当しなくなった場合も監査役は不要とはならない。

これは，清算株式会社の監査役の重要な役割は，会社と株主の利益相反による会社の損害の防止であり，そのため，特に公開会社や大会社に監査役の設置が求められたものである。

2 監査役会

清算株式会社においては，監査役会の強制設置はない。したがって，解散前に公開会社かつ大会社であった会社も，監査役会を置く旨の定款の定めを廃止することができる。同時に監査役会を廃止した時には清算人会も不要となる。

③　清算株式会社の監査

　実務上，清算に係るコストを抑えるため，監査役の設置を行わないことがほとんどであると考えられるが，仮に設置した場合，各清算事務年度に係る貸借対照表及び事務報告並びにこれらの附属明細書について監査役の監査を受けなければならない（会法495①）。そして監査役は，株式会社の監査に関する法務省令30条に従い，次の事項を掲げた監査報告書を作成しなければならない。

① 　監査の方法及びその内容
② 　各清算事業年度に係る貸借対照表及びその附属明細書が当該清算株式会社の財産の状況をすべての重要な点において適正に表示しているかどうかの意見
③ 　各清算事業年度に係る事務報告及び附属明細書が法令又は定款に従い清算株式会社の状況を正しく示しているかどうかについての意見
④ 　清算人の職務の執行に関し，不正の行為又は法令若しくは定款に違反する重大なる事実があったときは，その事実
⑤ 　監査のために必要な調査ができなかったときは，その旨及びその理由

　ただし，監査役の監査の範囲が会計に関するものに限定される旨の定款の定めがある場合には上記③④を監査する権限がないことを明らかにした監査報告を作成しなければならない。

Question 58 解散決議が行われた会社に対する監査意見

解散決議が行われた会社には,結論からするとどのような監査意見が付されることになるのでしょうか。

Point

減損会計の算定は可能であるか否かにより,分かれる。

Answer

監査基準では,監査人は,継続企業を前提として財務諸表を作成することが適切でない場合には,継続企業を前提にした財務諸表については不適正である旨の意見を表明しその理由を記載しなければならないと定めている。

解散会社が取締役会で解散決議を行ったあと,株主総会での解散決議までの事業年度では,減損会計の回収可能価額の算定が可能な場合には追記情報付適正意見となる。また,減損会計の回収可能価額の算定が不能な場合には意見不表明となる。さて,会計監査人は,本来,会社の営業を前提として毎事業年度の計算書類の作成を作成又は監査を行うものである。したがって,解散決議までの事業年度以降,清算目的の会社となるため,会計監査人を置く必要がなくなる。そこで,会計監査人は,解散時に地位を喪失する取扱いとなるため,その後は,監査報告書そのものが存在しないことになる。

【図表3-19】

解散会社における監査意見の類型(会計制度委員会研究報告第11号参考資料より)

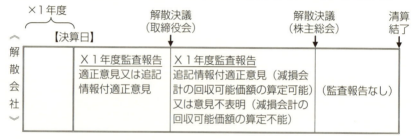

会計上，資産及び負債を全面的に評価替えしなければならないケースは，一定の法的手続を実施する会社だけではなく，当該手続において財産の処分又は事業の取得といった取引が事実上，実質的に認められることが必要である。会計上は，事業の継続を前提に評価替えするか否かの判断を行うしかない。したがって，部分的又は任意に評価替えすることは容認されないと考えている。

　とすると現実的には，企業の継続を断念して解散決議がなされ，清算手続を通じて会社財産が処分され事実上消滅することとなった解散会社の場合や，更生会社のようにスポンサーが新たに会社財産を取得したことが実質的に認められる場合が該当する。

　この結果，継続企業を前提とする会計基準は，解散を決議した時点や更生手続の開始決定を受けた時点からは適用されないことになる。

　解散会社における財務情報の目的は，解散を前提としたうえで債権者や株主に対する返済・分配原資に関する情報を提供するものである。

　一方，一般に公正妥当と認められる企業会計の基準は，継続企業を前提に設定されている。それは，会社の資産や負債のすべてを時価評価することを想定していない。

　したがって，解散会社では，継続企業を前提とする会計基準を適用するのではなく，会社の資産及び負債をすべて評価替えし，財務諸表の利用者に対し，債権者や株主の必要とする財務情報の提供が必要不可欠となる。

　監査の判断の枠組み（監査の二重原則）は，以下のようになっている。

　財務諸表の作成責任者はあくまでも経営者である。必然的に継続企業の前提が適切であるかどうかを評価することは経営者の責務である。当然，常にリスクに対する対策を取るべく行動をしているであろう。同時に継続企業の前提に重要な疑義が生ずるような事象等は幅広く検討を加えなければならず，たとえ，継続企業の前提に関する重要な不確実性が認められるまでに至らない場合であっても適切に表示する必要がある。

　「企業内容等の開示に関する内閣府令」は，継続企業の前提に関する注記を開示するまでには至らない場合であっても，継続企業の前提に重要な疑義を生

じさせるような事象又は状況が存在する場合には有価証券報告書の「事業等のリスク」及び「財政状態，経営成績及びキャッシュ・フローの状況の分析」にその旨内容等を開示することを求めている。

　また，会社法に基づく事業報告においても，会社法施行規則120条1項4号，8号及び9号に基づき，同様に適切な開示を求めている。

【図表3-20　監査上の枠組み】

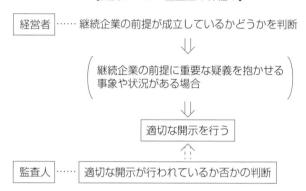

第4章
解散・清算における税務

1 清算所得課税の概要

　平成22年度税制改正前の法人税法における課税方式は，解散事業年度までの各事業年度の確定申告は所得課税方式であるのに対し，解散後の清算確定申告については財産課税方式となり，解散前後の課税方式の違いから租税回避に利用される可能性や課税の不公平が生じる可能性があると指摘する声もあった。

　平成22年度の税制改正により従来の清算所得課税は廃止され，解散後の課税方式は通常の事業年度とほぼ異ならないものとなったが，清算時における税負担について改正前の課税方式との調整を図る必要があることから，いわゆる期限切れ欠損金の損金算入が認められることとなった。これは，債務免除を伴う清算の場合において，従来の財産課税方式の下では認識されなかった債務免除益に対する課税を回避するための措置である。

　本稿では，改正後の清算所得課税についてその概要を確認することとする。

【参考文献】
・　右山昌一郎著『会社の清算実務についての問題点』大蔵財務協会（2010年12月）
・　大沼長清，井上久彌，磯邊和男編／坂本一，平山昇著『設立・解散』ぎょうせい（2012年6月）

Question 59　解散事業年度の確定申告

　株式会社M社（年1回3月末決算）は，平成24年9月30日をもって解散しました。この場合，解散の日の属する事業年度（以下，「解散事業年度」）の確定申告について注意すべき点は何ですか。

Point

1. 改正後の清算所得課税の規定は，平成22年10月1日以後に解散が行われる場合又は同日以後に解散する法人の残余財産が確定する場合に適用がある。
2. 会社が事業年度の中途で解散した場合には，みなし事業年度の適用がある。法人税の確定申告及び税額の納付は，解散の日の翌日から2か月以内に行う必要がある。
3. 解散事業年度は，税務上の特例規定の一部が認められない点に留意する必要がある。この点については，後述する。

Answer

　株式会社M社は平成22年10月1日以後に解散していることから改正後の清算所得課税が適用される。ここで注意すべき点は，次のとおりである。

　解散事業年度の所得金額の計算方法は，通常事業年度と同じく益金の額から損金の額を控除した金額である。会社法では，会社解散時に作成する財産目録及び貸借対照表に計上すべき財産については原則としてその処分価額（時価）を付すこととされている（会規144，145）が，法人税法にはそのような規定は存在しないので，評価替えによる評価損益を益金又は損金に算入することはできない（法法25①，33①）。

　会社が事業年度の中途において解散をした場合には，その事業年度開始の日から解散の日までの期間を一事業年度とみなして（法法14①一），各事業年度の所得の金額を計算し，その事業年度終了の日の翌日から2か月以内に各事業年度の所得に対する法人税の確定申告書を提出するとともに，申告税額を納付す

る必要がある。

　解散事業年度においては下記の規定の適用がないことに留意する必要がある。

① 特別償却，特別控除制度
  1) 試験研究を行った場合の法人税額の特別控除（措法42の4）
  2) 中小企業者等が機械等を取得した場合の特別償却又は法人税額の特別控除（措法42の6）
  3) 沖縄の特定地域において工業用機械等を取得した場合の法人税額の特別控除（措法42の9）
  4) 国家戦略特別区域において機械等を取得した場合の特別償却等又は法人税額の特別控除（措法42の10）
  5) 国際戦略総合特別区域において機械等を取得した場合の特別償却又は法人税額の特別控除（措法42の11）
  6) 地域経済牽引事業の促進区域内において特定事業用機械等を取得した場合の特別償却又は法人税額の特別控除（措法42の11の2）
  7) 地方活力向上地域において特定建物等を取得した場合の特別償却又は法人税額の特別控除（措法42の11の3）
  8) 地方活力向上地域等において雇用者の数が増加した場合の法人税額の特別控除（措法42の12）
  9) 認定地方公共団体の寄附活用事業に関連する寄附をした場合の法人税額の特別控除（措法42の12の2）
  10) 中小企業者等が特定経営力向上設備等を取得した場合の特別償却又は法人税額の特別控除（措法42の12の4）
  11) 給与等の支給額が増加した場合等の特別控除（措法42の12の5）
  12) 認定特定高度情報通信技術活用設備を取得した場合の特別償却又は法人税額の特別控除（措法42の12の6）
  13) 事業適応設備を取得した場合等の特別償却又は法人税額の特別控除（措法42の12の7）

　（注）　特別償却の会計処理を準備金方式によったことによる特別償却準備金の残高は

解散事業年度において一度に取り崩す必要はなく，従前どおりの一定の期間内で均等に取り崩すこととなる（措法52の3⑤）。

② 準備金制度

租税特別措置法に規定する準備金制度については，そのすべてにつき設定は認められず，前期から繰り越された準備金残高は全額取り崩す必要がある。

③ 圧縮特別勘定

法人税法及び租税特別措置法に定める圧縮記帳の適用は認められるが，圧縮特別勘定の計上はできないこととされている。

1) 国庫補助金等に係る特別勘定（法法43）
2) 保険差益等に係る特別勘定（法法48）
3) 収用等に係る特別勘定（措法64の2）
4) 特定の資産の譲渡に伴う特別勘定（措法65の8）

Question 60　清算事業年度の確定申告

株式会社M社における清算中の事業年度（以下，「清算事業年度」）の確定申告について注意すべき点は何ですか。

Point

1. 株式会社は解散後，解散の日の翌日から始まる1年ごとの期間（清算事務年度）に係る貸借対照表及び事務報告並びにこれらの附属明細書を作成することとされており，法人税の確定申告もこの清算事務年度にあわせて行うこととなる。
   清算事業年度の所得金額の計算方法は，通常事業年度と同じく益金の額から損金の額を控除した金額である。
2. 清算事業年度は，税務上の特例規定の一部が認められない点に留意する必要がある。この点については，後述する。
3. 期限切れ欠損金の損金算入制度の適用について検討する必要がある。

Answer

株式会社は解散後，清算事務年度（会法494①）を一事業年度とする（法法13①，14①一，法基通1－2－9）ため，その事業年度終了の日から2か月以内に各事業年度の所得に対する法人税の確定申告書を提出し，申告税額を納付する必要がある。

清算中の各事業年度の所得計算は原則としてその会社が解散していない場合の所得金額の計算方法と同様である。つまり，通常の事業年度と同じ方法（益金の額－損金の額）によって計算することとなる。

したがって，減価償却（普通償却）や貸倒引当金の繰入れは通常どおり行うことができ，一方で寄附金の損金不算入，交際費等の損金不算入及び役員給与の損金不算入も適用されることとなる。

清算事業年度においては下記の規定の適用がないことに留意する必要がある。
① 特別償却，特別控除制度（上記「解散事業年度」で適用がないこととされるもの）
② 準備金制度（租税特別措置法に規定する準備金）
③ 圧縮記帳制度（法人税法及び租税特別措置法に定める圧縮記帳）
④ 収用換地等の場合の所得の特別控除（措法65の2）

清算所得に対する法人税の廃止に伴い，期限切れ欠損金の損金算入制度を整備する等の措置が講じられている。これは従来の財産課税方式においては期限切れ欠損金という概念がないことから，所得課税方式に移行した場合にも過去の累積欠損金額の損金算入を認め，課税方式の移行前後で税負担に大きな差異が生じないようにするための改正である。

具体的には，内国法人が解散した場合において残余財産がないと見込まれるときは，その清算中に終了する事業年度（適用年度）前の各事業年度において生じた欠損金額を基礎として計算した金額に相当する金額は，その適用年度の所得の金額の計算上損金の額に算入される（法法59③）。なお，適用事業年度の所得金額を超える欠損金額を損金の額に算入することはできない。

なお，詳細については後述することとする。

Question 61 残余財産が確定した場合

株式会社M社の残余財産が確定した事業年度の確定申告について注意すべき点は何ですか。

Point

清算中の会社の残余財産が事業年度の中途において確定した場合には、みなし事業年度の適用がある。

清算事業年度の所得金額の計算方法は、通常事業年度と同じく益金の額から損金の額を控除した金額である。

Answer

清算中の会社の残余財産が事業年度の中途において確定した場合には、その事業年度開始の日から残余財産確定の日までの期間を一事業年度とみなして（法法14①二十一）、その確定した日から1か月以内（事業年度終了の日から1か月以内に残余財産の最後の分配が行われる場合には、その行われる日の前日まで）に、各事業年度の所得に対する法人税の確定申告書を提出し、申告税額を納付する必要がある（法法74②）。なお、残余財産の確定の日の属する事業年度においては、確定申告書の提出期限の延長の特例は適用されない（法法75の2①）。

また、普通法人に適用される税率は原則として23.2％であるが、残余財産の確定の日の属する事業年度に係る地方税法の規定による事業税の額は、その事業年度の損金の額に算入することとされているので（法法62の5⑤）、当該事業税額の控除後の所得の金額に対して当該税率が適用されることとなる。

Question 62 連結納税,グループ法人税制との関係

連結納税,グループ法人税制との関係は,どのようになっていますか。

Point

1. 連結子法人の解散(合併又は破産手続の決定による解散を除く)が連結納税の承認取消事由から除外された。
2. 完全支配関係にある親子会社間においては,グループの一体性に着目して,子会社の未処理欠損額,子会社株式の譲渡損益等について,一定の取扱いが定められている。

Answer

1 連結納税との関係

清算所得に対する法人税が廃止されたことにより,連結子法人は残余財産が確定するまでは,解散後においても通常の事業年度と同じ所得計算を行うこととなるため,課税方式が異なることを理由として連結納税の承認を取り消したものとみなす必要がなくなった。したがって,連結子法人の解散(合併又は破産手続開始の決定による解散を除く)が連結納税の承認取消事由から除外された(法法4の5②四)。

2 グループ法人税制との関係

(1) 完全支配関係にある子会社の欠損金の引継ぎ

完全支配関係にある親子会社間においては,子会社の解散によりその子会社の残余財産が確定した場合には,親会社は子会社の未処理欠損金額を引き継ぐことができる(法法57②)。なお,完全支配関係が5年以内に生じている場合には,欠損金の引継ぎに租税回避に係る制限がある(法法57③)。

この取扱いは,平成22年10月1日以後に解散が行われる場合又は同日以後

に解散する法人の残余財産が確定する場合における法人の各事業年度の所得に対する法人税について適用される。なお，同日前に解散が行われた場合における法人の清算所得に対する法人税については従来どおりの取扱いとなる（平成22年改正法附則10②）。

(2) **完全支配関係にある子会社株式の譲渡損益**

完全支配関係にある子会社から解散による残余財産の分配を受けた場合など，みなし配当が生ずる事由により金銭その他の資産の交付を受けた場合又はその株式を有しないこととなった場合には，その子会社株式の譲渡損益は認識できない（法法61の2⑰）。

この取扱いは，完全支配関係にある子会社が平成22年10月1日以後に解散した場合において適用される（平成22年改正法附則21，平成22年改正法令附則13②）。

(3) **完全支配関係にある他の内国法人の株式の評価損**

内国法人がその内国法人との間に完全支配関係がある他の内国法人で次に掲げるものの株式又は出資を有する場合におけるその株式又は出資については，評価損を損金算入しないこととされた（法法33⑤，法令68の3）。

1) 清算中の内国法人
2) 解散（合併による解散を除く）をすることが見込まれる内国法人
3) 内国法人でその内国法人との間に完全支配関係がある他の内国法人との間で適格合併を行うことが見込まれるもの

この取扱いは，平成23年6月30日以後に行う評価換え及び同日以後に生ずる再生計画認可の決定があったことその他これに準ずる一定の事実について適用される（平成23年6月改正法附則12）。

2 みなし事業年度

　平成22年度税制改正において清算所得に対する法人税が廃止され，平成22年10月1日以後に解散した内国法人は解散後も各事業年度の所得に対する法人税が課税されることとなった。改正前はいわゆる財産法的な計算によっていたものが，改正後は損益法的な計算方法に改められたことに伴い，解散・清算スケジュールの検討が実務上はより重要になったと言える。

　この改正に関して法人税法に規定するみなし事業年度の基本的な考え方に変更はないが，法人の種類や解散の形態によってその取扱いが異なることに留意する必要がある。

　なお，みなし事業年度に関しては，会社法における清算事務年度の創設や，それを受けた平成18年度税制改正，さらには平成22年度税制改正による清算所得課税の廃止の影響などについて十分に理解しておく必要がある。

　また，みなし事業年度は法人税法における事業年度に応じた所得計算や消費税の納税義務の判定における基準期間の判断等に影響を及ぼす上，解散後の清算スケジュールの根幹となる。したがって，解散の日の決定については慎重な判断が必要であると思われる。

　本稿では，みなし事業年度の考え方について確認するとともに，会社の解散・清算とみなし事業年度との関係について解説することとする。

【参考文献】
- 武田昌輔編著『DHCコンメンタール法人税法』(第5巻) 第一法規
- 大沼長清，井上久彌，磯邊和男編／坂本一，平山昇著『設立・解散』ぎょうせい (2012年6月)
- 「解散・清算の上手な進め方」『税務弘報』，2010年10月号，中央経済社

Question 63 事業年度とみなし事業年度

法人税法における「事業年度」と「みなし事業年度」は，どのような目的で規定されているのですか。

Point

法人税の課税標準である所得金額の計算期間を確定するために事業年度の規定が設けられている。また，一定の事由が生じた場合には本来の事業年度と異なる計算期間を設けることが適当であると考えられることから，みなし事業年度の規定が存在する。

Answer

1　事業年度

法人税法における事業年度とは，法人の財産及び損益の計算の単位となる期間（以下，「会計期間」という）で，法令又は定款等で定めるものをいう（法法13①）。したがって，通常は定款等で定めた期間がそのまま事業年度となる。なお，法令又は定款等に定めがない場合には，税務署長に届け出た会計期間（法法13②），届出がない場合には人格のない社団等については暦年，その他の法人については税務署長が指定した会計期間が事業年度となる（法法13③④）。

また，これらの期間が1年を超える場合には，その期間をその開始の日以後1年ごとに区分した各期間（最後に1年未満の期間を生じたときは，その1年未満の期間）となる（法法13①）。

【図表4－1　事業年度の区分】

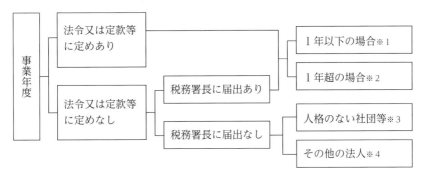

※　事業年度となる期間
1　法令又は定款等に定める期間，届出期間
2　法令又は定款等に定める期間，届出期間を1年ごとに区分した各期間
3　暦年
4　税務署長が指定した期間（規定上は1年超の場合の1年ごとの区分も適用されるが，事実上あり得ないと思われる）

2　みなし事業年度

　みなし事業年度とは，法人税法において通常の事業年度と異なる一定の期間を一事業年度とみなして課税所得を計算するために設けられたものである。

　平成22年10月1日前に普通法人又は協同組合等が解散した場合には，解散前後における課税方式が異なっていたため，所得の計算期間を区分する必要があった。同日以後に解散した場合には，前後の課税方式が統一されたため事業年度を区分する必要がないようにも思われるが，会社法において清算事務年度（解散の日以後1年ごとに期間）が定められていること，会社は解散により清算の目的の範囲内において存在するという特殊な状況にあることから，従来どおり解散の日を境に所得計算の基礎となる期間を区切ることとされている。

Question 64 法人が事業年度の中途で解散した場合

法人が事業年度の中途で解散した場合において、みなし事業年度とされるのはどの期間となりますか。

Point

法人の種類及び解散の形態により事業年度とみなす期間が異なる。

Answer

1 意　義

内国法人が事業年度の中途において解散（合併による解散を除く）をした場合には、その事業年度開始の日から解散の日までの期間及び解散の日の翌日からその事業年度終了の日までの期間をその法人の事業年度とみなすこととされている（法法14①一）。

株式会社又は一般社団法人若しくは一般財団法人（以下、「株式会社等」という）が解散した場合には、まず、定款等で定めた事業年度開始の日から解散の日までの期間についてみなし事業年度が生じ、次に、解散の日の翌日から清算事務年度終了の日までの期間についてみなし事業年度が生じることとなる（その後は、清算事務年度が事業年度となる）。

会社法又は一般社団法人及び一般財団法人に関する法律に規定する清算事務年度は、株式会社等が解散し清算を開始した場合について適用があるのであり、破産手続開始の決定による解散の場合でその破産手続が終了していない場合や、合同会社等の持分会社が解散した場合については清算事務年度の適用はない。したがって、これらの場合のみなし事業年度については、その事業年度開始の日から解散の日までの期間及びその解散の日の翌日から法人が定款等で定めた事業年度終了の日までの期間となる。解散の日の翌日から開始する事業年度の終了の日を法人の種類及び解散の形態に応じてまとめると下記のとおりである。

【法人の種類及び解散の形態による「事業年度終了の日」の比較】

	右記以外の解散 (注)	破産手続開始決定による解散 （破産手続が終了していない場合）
株式会社	清算事務年度終了の日	定款等の事業年度終了の日
一般社団法人 一般財団法人		
持分会社	定款等の事業年度終了の日	

（注） 合併による解散を除く。なお，株式会社の解散事由には，定款で定めた存続期間の満了，定款で定めた解散事由の発生，株主総会の決議，合併（消滅会社），破産手続開始の決定等がある（会法471）。

Question 65 清算中の法人の残余財産が事業年度の中途で確定した場合

「残余財産の確定の日」とは,どの時点を指しますか。

Point

　一般的には,債務の弁済が完了した後の日を「残余財産の確定の日」とすることが多い。

Answer

　清算中の法人の残余財産が事業年度の中途において確定した場合には,その事業年度開始の日から残余財産の確定の日までの期間を一事業年度とみなすこととされている（法法14①二十一）。

　財産のすべてを現金化し,かつ債務を確定させれば,残余財産は確定することとなる。ただ,一般的には債務（租税債務を除く）の弁済が完了した後の日を「残余財産の確定の日」とすることが多く,いずれにしても,清算人が常識的に判断してこの日を定めることとなる（残余財産の確定の日を明確にする場合,議事録の記述等によることが考えられる）。

　なお,解散した同族会社等でその資産,負債の一切を首脳者等が引き継いで事業を継続し,実質的に営業譲渡したと認められるような場合には,税務上はその引継ぎがあったときに残余財産が確定したものとみなすこととされている（旧法基通19－1－4）。

Question 66　清算中の法人が事業年度の中途で継続等した場合

清算株式会社であっても，事業の継続，合併等をすることができますか。

Point

株主総会の決議によって，解散前の状態に戻れば可能である。

Answer

　清算株式会社（解散等の事由により清算をする株式会社）は，清算結了までの間であれば，株主総会の決議によって解散前の状態に戻って事業を継続し，又は自らが合併存続会社又は吸収分割承継会社となって他の会社と合併等をすることができる（解散した状態でも，合併消滅会社や吸収分割会社にはなれる）（会法473，474）。

　清算中の法人が，事業年度の中途において継続した場合には，その事業年度開始の日から継続の日の前日までの期間及び継続の日からその事業年度終了の日までの期間をそれぞれ一事業年度とみなすこととされている（法法14①二十二）。

　清算株式会社は，会社法に定める清算事務年度が事業年度となっているため，会社が継続するときは，その継続の決議をする株主総会において改めて事業年度を定める定款変更決議をすることが通例と思われる。その場合，新たに定めた事業年度が「継続の日からその事業年度終了の日までの期間」の基礎となる。

3 期限切れ欠損金の損金算入

　平成22年税制改正では，清算所得課税が廃止され，いわゆる通常の所得課税（法法22，74）が行われることとなった。その際，清算所得課税廃止に伴う税負担を考慮し，期限切れ欠損金の損金算入制度が創設された。

　本稿では，期限切れ欠損金の算定方法について検討する。

【参考文献】
- 『平成22年度改正税法のすべて』（東京税理士協同組合）財団法人日本税務協会発行
- 右山昌一郎著『会社の清算実務についての問題点』大蔵財務協会（2010年12月）
- 宮森俊樹著『清算所得における税務会計～税法上の清算所得～』（税務会計研究学会：清算所得課税検討委員会発表資料より）
- 税理士法人右山事務所著『事例にみる税務上の形式基準の判断』新日本法規（2012年3月）
- ひかりアドバイザーグループ編『会社清算の実務（三訂版）80問80答』清文社（2012年12月）
- 国税庁ホームページ『平成22年度税制改正に係る法人税質疑応答事例（グループ法人税制その他の資本に関係する取引等に係る税制関係）』（法人課税課情報第5号他）－問11を筆者一部修正（平成22年10月6日）
- 事業再生研究機構『平成22年度税制改正後の清算中の法人税申告における実務上の取扱いについて』（平成22年7月）

Question 67　解散の場合の期限切れ欠損金の損金算入

期限切れ欠損金の損金算入制度の概要について教えてください。

Point

会社を解散した場合で一定の要件に該当するときには，期限切れ欠損金を損金に算入することができる。

Answer

内国法人が解散した場合において，残余財産がないと見込まれるときは，その清算中に終了する事業年度（「会社更生法等による債務免除等があった場合の欠損金の損金算入（法法59①）」及び「民事再生法等による債務免除等があった場合の欠損金の損金算入（法法59②）」の規定の適用を受ける事業年度を除く。以下「適用年度」という）前の各事業年度において生じた欠損金額を基礎として計算した金額に相当する金額（その金額がこの規定及び最後事業年度の事業税（法法62の5⑤）の規定を適用しないものとして計算した場合におけるその適用年度の所得の金額を超える場合には，その超える部分の金額を控除した金額。以下「期限切れ欠損金額」という）は，その適用年度の所得の金額の計算上，損金の額に算入する（法法59③）。

Question 68　期限切れ欠損金の範囲

損金の額に算入することができる期限切れ欠損金の範囲について教えてください。

Point

繰越欠損金額の合計額から青色欠損金等を控除した残額のうち，各事業年度の所得の金額に達するまでの金額となる。

Answer

損金の額に算入することができる期限切れ欠損金額とは，次の(1)に掲げる金額から(2)に掲げる金額を控除した金額とする（法令118）。

(1) 適用年度終了の時における前事業年度以前の事業年度から繰り越された欠損金額の合計額（その適用事業年度終了の時における資本金等の額が零以下である場合には，その欠損金額の合計額からその資本金等の額を減額した金額）(注)

　(注)　その事業年度の確定申告書に添付する法人税申告書別表五(一)の「利益積立金額の計算に関する明細書及び資本金等の額の計算に関する明細書」に期首現在利益積立金額の合計額（差引合計額「31①」）として記載されるべき金額で，その金額が負（△：マイナス）である場合のその金額をいう（法基通12－3－2）。

(2) 「青色申告書を提出した事業年度の欠損金の繰越し」（法法57①）又は「青色申告書を提出しなかった事業年度の災害による損失金の繰越し」（法法58①）の規定により適用年度の所得の金額の計算上，損金の額に算入される欠損金額（以下，単に「青色欠損金等」という）

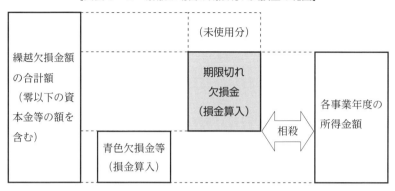

【図表4-2　解散の場合の期限切れ欠損金の範囲】

Question 69　残余財産がないと見込まれるかどうかの判定

Q 67 における残余財産がないと見込まれる場合とは，どのような状況をもって判断すればよいのでしょうか。

Point

解散した法人がその事業年度終了の時において債務超過の状態にあるときには，残余財産がないと見込まれる場合に該当することとなる。

Answer

「解散した場合の期限切れ欠損金額の損金算入（法法59③）」に規定する「残余財産がないと見込まれる」かどうかの判定は，法人の清算中に終了する各事業年度終了の時の現況によることとなる（法基通12－3－7）。また，解散した法人がその事業年度終了の時において債務超過の状態にあるときには，「残余財産がないと見込まれる場合」に該当することとなる（法基通12－3－8）。

なお，「残余財産がないと見込まれることを説明する書類」とは，法人の清算中に終了する各事業年度終了の時の実態貸借対照表（その法人の有する資産及び負債の価額により作成される貸借対照表をいう）が該当する。この場合において，法人が実態貸借対照表を作成する場合における資産の価額は，その事業年度終了の時における処分価格(注)によることとなる（法基通12－3－9）。

(注)　その法人の解散が事業譲渡等を前提としたもので，その法人の資産が継続して他の法人の事業の用に供される見込みであるときには，その資産が使用収益されるものとしてその事業年度終了の時において譲渡される場合に通常付される価額による。

Question 70 残余財産がないと見込まれるとき

解散した法人に「残余財産がないと見込まれるとき」とは，具体的にどのような状態にあることをいうのですか。

Point

一般的には，その法人がその事業年度終了の時において債務超過の状態にあるときは，「残余財産がないと見込まれるとき」に該当する。

Answer

1 残余財産がないと見込まれるとき

平成22年度の税制改正により，清算所得に対する法人税が廃止され，解散した法人に残余財産がないと見込まれるときには清算中に終了する各事業年度において期限切れ欠損金を損金の額に算入することとされた。

ところで，一般に解散した法人は財産を換価し，債務の弁済等を行って残余財産を確定させ，これを株主に分配することとなるが，解散した法人が「残余財産がないと見込まれるとき」とは具体的にどのような状態をいうのかについては法令上明らかではない。

この点について，解散した法人に残余財産がないと見込まれるかどうかは一様ではないと考えられるが，一般的には，その法人がその事業年度終了の時において債務超過の状態にあるときは，「残余財産がないと見込まれるとき」に該当することとされている（法基通12−3−8）。

なお，例えば裁判所若しくは公的機関が関与する手続等において法人が債務超過の状態にあることをこれらの機関が確認している次のような場合には「残余財産がないと見込まれるとき」に該当するものと考えられる。

① 清算型の法的整理手続である破産又は特別清算の手続開始の決定又は開始の命令がなされた場合（特別清算の開始の命令が「清算の遂行に著しい支障

3 期限切れ欠損金の損金算入 191

を来すべき事情があること」のみを原因としてなされた場合を除く）
② 再生型の法的整理手続である民事再生又は会社更生の手続開始の決定後，清算手続が行われる場合
③ 公的機関の関与又は一定の準則に基づき独立した第三者が関与して策定された事業再生計画に基づいて清算手続が行われる場合

2 債務超過の判定の時期

　債務超過の判定の時期については，解散をした日や債務免除を受けた日ではなく，解散した法人の清算中に終了する各事業年度終了の時の現況により行うこととされている（法基通12－3－7）。したがって，当初は残余財産がないと見込まれたことから期限切れ欠損金を損金の額に算入して法人税の申告書を提出した後に，状況が変わって当初の見込みと異なることになっても，過去において行った期限切れ欠損金の損金算入を遡って修正する必要はない。

Question 71　実態貸借対照表の作成

Q69における実態貸借対照表の作成の際には，未払法人税等を負債として計上できるのでしょうか。

Point

未払法人税等を負債に含めた実態貸借対照表に基づき残余財産がないと見込まれるときの判定を行うこととなる。

Answer

　法人が事業年度終了の時において債務超過の状態にあるときは，「残余財産がないと見込まれるとき」に該当することとなり，その状態は，法人の清算中に終了する各事業年度終了の時の実態貸借対照表によって判断することとなる。

　実態貸借対照表を作成するにあたっては，事業年度終了の時において有する資産に係る含み損益，退職が見込まれる従業員に将来支給する退職金など，その時において税務上損益の実現を認められないものであっても，法人の清算にあたって実現が見込まれる損益を考慮して行うこととなる。

　また，未払法人税等についても清算中の事業年度（適用年度）において法人税の所得金額の計算上，損金の額に算入されないが，実態貸借対照表の作成時の状況で将来発生が見込まれるものであることから，実態貸借対照表に計上できることとなる。

　そこで，適用年度の未払法人税等を負債に含めた実態貸借対照表に基づき「残余財産がないと見込まれるとき」の判定を行うこととなる。

<参考>

　国税庁ホームページにおける質疑応答集（平成24年11月改定）により，期限切れ欠損金の損金算入の適用の有無における「残余財産がないと見込まれるとき」の判定を行う場合には，適用年度の未払法人税等を負債に含めた実態貸借

対照表に基づくことが明らかとなった。

　ただし，この国税庁ホームページにおける質疑応答集の性格は，行政組織法上の訓令4条に沿った「申告及び納税に関する法令解釈及び事務手続等について，納税者に分かりやすく的確に周知すること」を目的するものであると規定されている。つまり，質疑応答集は，財務省設置法19条に依った法令解釈及び納税者にわかりやすく示す「手引き」又は「パンフレット等」であり，法的拘束力があるものではなく，税務職員及び納税者を拘束するものではないと解釈されている。

　最近は，法令のほかに質疑応答集が多く公表されているが，国民は租税法律主義（憲法30）により納税の義務を負うこととされる。そこで，何ら法律的な根拠を持たない質疑応答集で，法令又は通達で解釈できない情報を公表すべきではないと考える。

Question 72　残余財産がないと見込まれることを説明する書類

期限切れ欠損金を損金の額に算入する場合に必要とされている「残余財産がないと見込まれることを説明する書類」とは，具体的にはどのような書類が該当するのですか。

Point

例えば，法人の清算中の各事業年度終了の時の実態貸借対照表などが該当する。

Answer

1　適用要件

法人が，期限切れ欠損金の損金算入制度の適用を受けるためには，適用年度の確定申告書に期限切れ欠損金の損金算入に関する明細書（法人税申告書別表七（二））及び残余財産がないと見込まれることを説明する書類の添付が必要とされている（法法59④，法規26の6三，法基通12－3－9）。この書類には，例えば法人の適用年度終了時の実態貸借対照表が該当することとなる。

なお，残余財産がないと見込まれることを証明する書類の添付がない確定申告書を提出した場合においても，その添付がないことにつきやむを得ない事情があると認められるときは，その適用を受けることができる（法法59⑤）。

2　残余財産がないと見込まれることを説明する書類

残余財産がないと見込まれるかどうかは，一般的には実態貸借対照表によりその法人が債務超過の状態にあるかどうかにより確認することができるが，これに限定されるわけではなく，例えば，裁判所若しくは公的機関が関与する手続又は一定の準則により独立した第三者が関与する手続において，法人が債務超過の状況などをこれらの機関が確認している場合には，「残余財産がないと

見込まれること」に該当するものと考えられる。

　また，この場合の「残余財産がないと見込まれることを説明する書類」は必ずしも実態貸借対照表による必要はなく，これらの手続の中で作成された書類によることができる。具体的には，次のような書類で確認することとなる。

手続の内容	添付書類
(1) 清算型の法的手続である破産又は特別清算の手続開始の決定又は開始の命令がなされた場合（特別清算の開始の命令が「清算の遂行に著しい支障を来すべき事情があること」のみを原因としてなされた場合を除く）	破産手続開始決定書の写し 特別清算開始決定書の写し
(2) 再生型の法的手続である民事再生又は会社更生の手続開始の決定後，清算手続が行われる場合	
① 民事再生又は会社更生の手続開始の決定後，再生計画又は更生計画の認可決定（以下「計画認可決定」という）を経て事業譲渡が行われ，清算が開始している場合	再生計画又は更生計画に従った清算であることを示す書面
② 計画認可決定前に事業譲渡が行われ，清算が開始している場合	民事再生又は会社更生の手続開始の決定の写し
(3) 公的機関が関与又は一定の準則に基づき独立した第三者が関与して策定された事業再生計画に基づいて清算手続が行われる場合（注）	公的機関又は独立した第三者の調査結果で会社が債務超過であることを示す書面

（注）1　公的機関又は独立した第三者が関与する私的整理手続において，第二会社方式による事業再生（再生会社が第二会社に事業を譲渡し，再生会社自体は清算をするスキームをいう）が行われる場合には，公的機関又は独立した第三者が関与した上で債務超過であることの検証がなされ，その検証結果に基づいて策定された事業再生計画に従って再生会社の清算が行われる。

　　　2　公的機関又は独立した第三者が関与する私的整理手続としては，例えば，企業再生支援機構，整理回収機構，中小企業再生支援協議会等の公的機関が関与する手続や，私的整理ガイドライン，産業活力再生特別措置法に基づく特定認証紛争解決手続により関与するものが挙げられる。

③ 実態貸借対照表

　ここでいう実態貸借対照表とは，その法人の有する資産及び負債の価額により作成される貸借対照表をいう。また，実態貸借対照表における資産の価額は清算を前提としているため，その資産の処分価額によることとされている。

　この処分価額とは，資産の売却見積額から売却に係るコストの見積額を控除した金額となるが，実務上は日本公認会計士協会会計制度委員会研究報告第11号「継続企業の前提が成立していない会社等における資産及び負債の評価について」に示されている評価方法が参考になると思われる。

　一方で，法人の解散が事業譲渡等を前提としたものでその法人の資産が継続して他の法人の事業の用に供される見込みであるときには，その資産が使用収益されるものとしてその事業年度終了の時において譲渡される場合に通常付される価額によることとされている（法基通12－3－9（注））。

Question 73 債務超過の判定

「残余財産がないと見込まれるとき」の判定に際し，未払法人税等を実態貸借対照表の負債に含めることができますか。

Point

未払法人税等を実態貸借対照表の負債に含めて判定を行うこととなる。

Answer

1 債務超過の判定

　法人が事業年度終了の時において債務超過の状態にあるときは，「残余財産がないと見込まれるとき」に該当し，その状態は法人の清算中に終了する各事業年度終了の時の実態貸借対照表によって判断することとなる。この「残余財産がないと見込まれるとき（債務超過の状態にあるとき）」の判定に際し，法人税の所得金額の計算上，損金の額に算入されない法人税等の額に係る債務（未払法人税等）を含めて判定することについては疑義の生じるところである。

　この点，一般的に実態貸借対照表を作成するにあたっては，事業年度終了の時において有する資産に係る含み損益，退職が見込まれる従業員に将来支給する退職金など，その時において税務上損益の実現を認められないものであっても，法人の清算にあたって実現が見込まれる損益まで考慮してその作成がされているところである。

　このようなことからすれば，未払法人税等についても適用年度において税務上損益の実現は認められないものではあるが，実態貸借対照表の作成時の状況で将来発生が見込まれるものであることから，その実態貸借対照表の負債に含めて「残余財産がないと見込まれるとき」の判定を行うこととなる。

2 国税庁質疑応答事例の内容

国税庁が公表する質疑応答事例(法人が解散した場合の設立当初からの欠損金額の損金算入制度(法法59③)における「残余財産がないと見込まれるとき」の判定について)の内容は以下のとおりであり、未払法人税等を負債に含めたところで判定する取扱いが示されている。

【照会要旨】
① A社は、X年9月30日に解散したが、その時点における貸借対照表の純資産額は△100,000千円である。
② A社は、X年10月31日に土地の譲渡を行い、その売却益150,000千円を計上したことにより、純資産の部が50,000千円となり、債務超過の状態を解消することとなった。
③ A社は、X年11月30日に残余財産が確定したことから、X年10月1日からX年11月30日までの事業年度(以下「X年/11期」という。)における法人の所得計算をしたところ、法人税等の額(相手科目:未払法人税等)が60,000千円発生するため、純資産の部が△10,000千円となる。

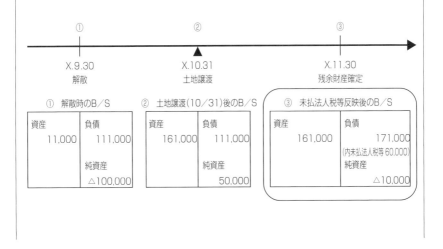

3 期限切れ欠損金の損金算入　199

上記のような事実関係がある場合，法人が解散した場合の設立当初からの欠損金額の損金算入制度（法法59③）の適用に際し，X年／11期（適用年度）が残余財産がないと見込まれるとき（債務超過の状態にあるとき）に該当するかどうかは，上記③の状態で未払法人税等を負債に含めたところで判定して差し支えありませんか。

【回答要旨】
　　貴見のとおり，取り扱われることとなります。

　国税庁公表の質疑応答事例（法人が解散した場合の設立当初からの欠損金額の損金算入制度（法法59③）における「残余財産がないと見込まれるとき」の判定について）では，X年／11期（適用年度）の法人税等の額が60,000千円と計算されていることから，期限切れ欠損金の損金算入制度を適用する前の所得金額に基づき計算された未払法人税等（土地売却益150,000千円×40％＝60,000千円）を実態貸借対照表の負債に計上していることがわかる（X年9月30日時点の貸借対照表の純資産価額△100,000円はすべて期限切れ欠損金であると仮定。なお，青色欠損金が含まれる場合の計算については不明であるが，債務超過の判定は期限切れ欠損金の損金算入制度の適用可否を判定するものであることから，青色欠損金控除後の所得金額（期限切れ欠損金の損金算入制度適用直前の所得金額）をもとに法人税等を計算することになると考えられる）。

　未払法人税等を実態貸借対照表に含めるか否かで，期限切れ欠損金の損金算入制度の適用に影響することもあるため，債務超過の判定には十分留意する必要がある。

Question 74　土地を売却→金融機関の借入金返済（1年目）

内国法人であるC社は債務超過のため令和×1年11月30日に解散登記を行いました。C社の清算事業年度1年目（令和×1年12月1日から令和×2年11月30日）における青色欠損金等の損金算入額，期限切れ欠損金の損金算入額及び清算事業年度の所得金額はどうなりますか。

(1) C社の解散時における貸借対照表等の内訳は，次のとおりとなっている。
　① 土　　　地　　10,000,000円（処分価格40,000,000円）
　② 長期借入金　　60,000,000円
　　　　　　　　　（うち金融期間からの借入金10,000,000円，
　　　　　　　　　　社長からの借入金50,000,000円）
　③ 資　本　金　　10,000,000円
　④ 利益剰余金　　△60,000,000円
　　　　　　　　　（うち青色欠損金等10,000,000円，
　　　　　　　　　　期限切れ欠損金50,000,000円）
(2) C社所有の土地を令和×2年10月18日に40,000,000円で処分し，同日に金融機関からの借入金10,000,000円を返済した。
(3) C社の清算事業年度1年目における欠損金控除前の所得の金額は，土地売却益相当額である30,000,000円である。

Point

残余財産30,000,000円はあるが，債務が58,000,000円あるので債務超過となり，期限切れ欠損金50,000,000円のうち青色欠損金等を控除した所得金額20,000,000円を限度とした20,000,000円が損金算入できる。

なお，債務超過か否かを判断する場合における実態貸借対照表を作成する際には，期限切れ欠損金の適用前の所得金額20,000,000円に対する未払法人税等8,000,000円（実効税率：40％）を加味することとなる。

Answer

(1) 清算事業年度終了の時の実態貸借対照表

(単位：千円)

現金預金	30,000	未払法人税等	8,000
		社長借入金	50,000
利益積立金 (注)	△38,000	資本金	10,000

（注）　残余財産があるが，債務超過のため期限切れ欠損金→使用可

(2) 期限切れ欠損金額

60,000,000円（繰越欠損金額の合計額）－10,000,000円（青色欠損金額等）
＝50,000,000円

(3) 期限切れ欠損金の適用前の所得金額

30,000,000円（欠損金控除前の所得金額）－10,000,000円（青色欠損金額等）
＝20,000,000円

(4) 期限切れ欠損金額の損金算入額

50,000,000円（期限切れ欠損金額）＞20,000,000円（この規定を適用しない所得金額）　∴　20,000,000円

(5) １年目の所得金額

30,000,000円（欠損金控除前の所得の金額）－（10,000,000円（青色欠損金額の損金算入額）＋20,000,000円（期限切れ欠損金額の損金算入額））＝０円

Question 75　社長借入金の債務免除（2年目）

　上記 Q74 において，C社の清算事業年度2年目（令和×2年12月1日から令和×3年4月26日）における青色欠損金等の損金算入額，期限切れ欠損金の損金算入額及び清算事業年度の所得金額はどうなりますか。

(1)　令和×3年2月4日に社長借入金50,000,000円のうち30,000,000円を現金預金で返済し，残額は同日に債務免除を受けた。
(2)　上記(1)により，残余財産がないこととなったため令和×3年4月26日に清算結了登記を行った。
(3)　C社の清算事業年度2年目における欠損金控除前の所得の金額は，債務免除益相当額である20,000,000円である。

Point

　残余財産が0円となり，債務は8,000,000円あるので債務超過となり，期限切れ欠損金50,000,000円のうち青色欠損金等を控除した所得金額20,000,000円を限度とした20,000,000円が損金算入できる。

　なお，債務超過か否かを判断する場合における実態貸借対照表を作成する際には，期限切れ欠損金の適用前の所得金額20,000,000円に対する未払法人税等8,000,000円（実効税率：40％）を加味することとなる。

Answer

(1)　事業年度終了の時の実態貸借対照表

（単位：千円）

利益積立金 (注)	△18,000	未払法人税等	8,000
		資本金	10,000

　（注）　残余財産がなく，債務超過のため期限切れ欠損金→使用可

3　期限切れ欠損金の損金算入

(2) 期限切れ欠損金額

30,000,000円(繰越欠損金額の合計額) － 0 円(青色欠損金額等)
＝30,000,000円

(3) 期限切れ欠損金の適用前の所得金額

20,000,000円(欠損金控除前の所得金額) － 0 円(青色欠損金額等)
＝20,000,000円

(4) 期限切れ欠損金額の損金算入額

30,000,000円(期限切れ欠損金額)＞20,000,000円(この規定を適用しない所得金額)　∴　20,000,000円

(5) ２年目の所得金額

20,000,000円(欠損金控除前の所得の金額) －（0 円(青色欠損金額の損金算入額)＋20,000,000円(期限切れ欠損金額の損金算入額)）＝0 円

Question 76　社長借入金の債務免除（1年目）

上記 Q74 の⑵及び⑶を下記の条件に変更した場合において，C社の清算事業年度1年目（令和×1年12月1日から令和×2年11月30日）における青色欠損金等の損金算入額，期限切れ欠損金の損金算入額及び清算事業年度の所得金額はどうなりますか。

⑴　C社所有土地の売却の目処が立ったため，現金預金で返済不能と見込まれる社長借入金50,000,000円のうち20,000,000円の債務免除を令和×2年2月4日に受けた。

⑵　C社の清算事業年度1年目における欠損金控除前の所得の金額は，債務免除益相当額である20,000,000円である。

Point

残余財産40,000,000円と借入金債務40,000,000円が同額となるが，未払法人税等を加味した実態貸借対照表を作成すると債務超過となるため期限切れ欠損金額が使用できることとなる。

なお，債務超過か否かを判断する場合における実態貸借対照表を作成する際には，期限切れ欠損金の適用前の所得金額10,000,000円に対する未払法人税等4,000,000円（実効税率：40％）を加味することとなる。

Answer

(1) 事業年度終了の時の実態貸借対照表

(単位：千円)

土地（処分価格）	40,000	未払法人税等	4,000
		社長借入金	30,000
		金融機関借入金	10,000
利益積立金（注）	△14,000	資本金	10,000

（注） 残余財産があるが，債務超過のため期限切れ欠損金→使用可

(2) 期限切れ欠損金額

60,000,000円（繰越欠損金額の合計額）−10,000,000円（青色欠損金額等）
＝50,000,000円

(3) 期限切れ欠損金の適用前の所得金額

20,000,000円（欠損金控除前の所得金額）−10,000,000円（青色欠損金額等）
＝10,000,000円

(4) 期限切れ欠損金額の損金算入額

50,000,000円（期限切れ欠損金額）＞10,000,000円（この規定を適用しない所得金額）　∴　10,000,000円

(5) １年目の所得金額

20,000,000円（欠損金控除前の所得の金額）−（10,000,000円（青色欠損金額の損金算入額）＋10,000,000円（期限切れ欠損金額の損金算入額））＝０円

Question 77 土地を売却→金融機関及び社長借入金の返済（2年目）

上記 Q76 において，C社の清算事業年度2年目（令和×2年12月1日から令和×3年4月26日）における青色欠損金等の損金算入額，期限切れ欠損金の損金算入額及び清算事業年度の所得金額はどうなりますか。

(1) C社所有の土地を令和×3年2月4日に40,000,000円で処分し，同日に金融機関からの借入金10,000,000円を返済した。
(2) 令和×3年4月15日に社長借入金30,000,000円を現金預金で返済した。
(3) 上記(1)及び(2)により，残余財産がないこととなったため令和×3年4月26日に清算結了登記を行った。
(4) C社の清算事業年度2年目における欠損金控除前の所得の金額は，土地売却益相当額である30,000,000円である。

Point

　残余財産が0円となり，債務が4,000,000円あるので債務超過となり，期限切れ欠損金50,000,000円のうち青色欠損金等を控除した所得金額30,000,000円を限度とした30,000,000円が損金算入できる。

　なお，債務超過か否かを判断する場合における実態貸借対照表を作成する際には，期限切れ欠損金の適用前の所得金額30,000,000円に対する未払法人税等12,000,000円（実効税率：40％）を加味することとなる。

Answer

(1) 事業年度終了の時の実態貸借対照表

(単位：千円)

利益積立金 (注)	△22,000	未払法人税等	12,000
		資本金	10,000

（注）　残余財産がなく，債務超過のため期限切れ欠損金→使用可

(2) 期限切れ欠損金額

40,000,000円（繰越欠損金額の合計額）－ 0円（青色欠損金額等）
＝40,000,000円

(3) 期限切れ欠損金の適用前の所得金額

30,000,000円（欠損金控除前の所得金額）－ 0円（青色欠損金額等）
＝30,000,000円

(4) 期限切れ欠損金額の損金算入額

40,000,000円（期限切れ欠損金額）＞30,000,000円（この規定を適用しない所得金額）　∴　30,000,000円

(5) 2年目の所得金額

30,000,000円（欠損金控除前の所得の金額）－（ 0円（青色欠損金額の損金算入額）＋30,000,000円（期限切れ欠損金額の損金算入額））＝ 0円

Question 78　清算が行われる場合の実在性のない資産の取扱い

破産又は特別清算等の法的整理手続等において，架空資産がある場合における期限切れ欠損金の損金算入の可否について教えてください。

Point

架空資産がないものとして実態貸借対照表を作成し，債務超過に該当すれば期限切れ欠損金を損金算入できる。

Answer

内国法人が解散した場合において，残余財産がないと見込まれるときは，いわゆる期限切れ欠損金額が損金算入できることとなる（法法59③）。この残余財産がないと見込まれるかどうかの判定は，法人の清算中に終了する各事業年度終了の時の実態貸借対照表が債務超過の状態にあるか否かにより行うこととなる（法基通12－3－7～9）。

例えば，破産又は特別清算等の法的整理手続等に従って清算が行われる場合には，管財人等の独立した第三者が財産調査をする中で，貸借対照表に実際には存在しない架空資産（以下「実在性のない資産」という）が把握されることがある。このような実在性のない資産があることが判明した場合には，その資産がないものとして作成した実態貸借対照表上，債務超過の状態にあるときには，「残余財産がないと見込まれる」ことになり，期限切れ欠損金額を損金の額に算入することができる。

Question 79　法的整理手続等の適用範囲

Q78 の実在性のない資産の取扱いが適用できる法的整理手続又は私的整理手続の範囲について教えてください。

Point

裁判所が関与する法的整理手続，公的機関が関与又は一定の準則により独立した第三者が関与する私的整理手続に従って清算が行われる場合に適用できる。

Answer

破産，特別清算，民事再生及び会社更生といった裁判所が関与する法的整理手続，公的機関が関与又は一定の準則により独立した第三者が関与する私的整理手続に従って清算が行われる場合には，Q78 の実在性のない資産の取扱いが適用できることとなる。

具体的には，次に掲げるケースが想定される。

① 清算型の法的整理手続である破産又は特別清算の手続開始の決定又は開始の命令がなされた場合（特別清算の開始の命令が「清算の遂行に著しい支障を来たすべき事情があること」のみを原因としてなされた場合を除く）

② 再生型の法的整理手続である民事再生又は会社更生の手続開始の決定後，清算手続が行われる場合

③ 公的機関が関与し又は一定の準則に基づき独立した第三者が関与して策定された事業再生計画に基づいて清算手続が行われる場合

Question 80　再生が行われる場合の実在性のない資産の取扱い

民事再生又は会社更生等の手続において，架空資産がある場合における期限切れ欠損金の損金算入の可否について教えてください。

Point

架空資産がないものとして実態貸借対照表を作成し，債務超過に該当すれば期限切れ欠損金を損金算入できる。

Answer

民事再生及び会社更生の手続に従って会社が存続して再生をする場合，公的機関が関与又は一定の準則に基づき独立した第三者が関与して策定された事業再生計画に従って会社が存続して再生する場合においても，Q78 の内容と同様に実在性のないことの客観性が担保されていると認められるときには，これと同様の取扱いとすることが可能である。

Question 81　更正期限内に生じた実在性のない資産の処理方法

　破産又は特別清算等の法的整理手続等における期限切れ欠損金の損金算入措置の適用上，過去の帳簿書類等の調査の結果，実在性のない資産の発生原因が更正期限（5年）内の事業年度に生じたものである場合における実在性のない資産の処理方法について教えてください。

Point

　適正な処理に修正を行い，更正手続を経て，その原因事実の生じた事業年度の欠損金とする。

Answer

　実在性のない資産の計上根拠（発生原因）が更正期限（5年）内の事業年度中に生じたものである場合には，「更正に関する特例」（法法129①）の規定により，法人においてその原因に応じた修正の経理を行い，かつ，その修正の経理を行った事業年度の確定申告書を提出した後，税務当局による更正を受けることとなる。

　また，これについては，その発生原因の生じた事業年度の欠損金額（その事業年度が青色申告の場合は青色欠損金額，青色申告でない場合には期限切れ欠損金額）とする。

Question 82　更正期限を過ぎた実在性のない資産の処理方法

　破産又は特別清算等の法的整理手続等における期限切れ欠損金の損金算入措置の適用上，過去の帳簿書類等の調査の結果，実在性のない資産の発生原因が更正期限（5年）を過ぎた事業年度に生じたものである場合における実在性のない資産の処理方法について教えてください。

Point

　適正な処理に修正して，その原因事実の生じた事業年度の欠損金とする。

Answer

　実在性のない資産の計上根拠（発生原因）が更正期限（5年）を過ぎた事業年度中に生じたものである場合には，その発生原因に応じた修正の経理を行い，その修正の経理を行った事業年度の確定申告書上で，仮に更正期限内であればその修正の経理によりその発生原因の生じた事業年度の損失が増加したであろう金額をその事業年度から繰り越された欠損金額として処理（期首利益積立金額から減算する）する。

　また，これについては，その発生原因の生じた事業年度の欠損金額（その事業年度が青色申告であるかどうかにかかわらず期限切れ欠損金額）とする。

　なお，この場合には，更正期限が過ぎているため，税務当局による更正はないこととなる。

Question 83 発生原因が不明な実在性のない資産の処理方法

　破産又は特別清算等の法的整理手続等における期限切れ欠損金の損金算入措置の適用上，過去の帳簿書類等の調査の結果，実在性のない資産の発生原因が更正期限（5年）を過ぎた事業年度に生じたものである場合における実在性のない資産の処理方法について教えてください。

Point

　裁判所又は独立した第三者等が関与する手続を経て実在性のないことが確認された場合，実在性のない資産の帳簿価額を期限切れ欠損金とする。

Answer

　裁判所が関与する破産等の法的整理手続，公的機関が関与又は一定の準則に基づき独立した第三者が関与する私的整理手続を経て，資産につき実在性のないことが確認された場合には，実在性のないことの客観性が担保されていると考えられる。このように客観性が担保されている場合に限っては，その実在性のない資産がいつの事業年度でどのような原因により発生したものか特定できないとしても，その帳簿価額に相当する金額分だけ過大となっている利益積立金額を適正な金額に修正することが適当と考えられる。

　したがって，このような場合においては，その実在性のない資産に相当する帳簿価額について修正経理を行い，その修正の経理を行った事業年度の確定申告書上で，その実在性のない資産の帳簿価額に相当する金額を過去の事業年度から繰り越されたものとして処理（期首利益積立金額から減算）する。

　また，その実在性のない資産の帳簿価額に相当する金額を期限切れ欠損金額とする。

　なお，この場合にも，税務当局による更正はないこととなる。

<参考>
　破産又は特別清算等の法的整理手続等に従って清算が行われる会社では，法人税申告を適切に行っていないなど帳簿書類等が散逸したり，経理担当者が解雇されるなど清算開始以前の経理状況が把握できず，継続した申告が困難なケースが多いと思われる。
　法的整理手続等に従って清算を行う場合には，過去の帳簿書類等の調査結果に応じて，実在性のない資産の発生原因に応じた修正経理を行うこととされているため，帳簿書類及び法人税申告書等の保存は重要となる。

4 欠損金の繰戻しによる還付

　平成22年度の税制改正により，清算所得課税制度が廃止され，平成22年10月1日以後に解散する法人の清算中に終了する事業年度について，各事業年度の所得に対する法人税が課されることとなった。この改正前においては，清算中の各事業年度では欠損金の繰戻しによる還付制度の適用はできず，欠損金は切り捨て状態となっていた。しかし，改正後においては，清算中の各事業年度も通常の所得課税方式となったため，欠損金の繰戻しによる還付制度の適用を受けることができることとなった。
　ここでは，解散法人の欠損金の繰戻しによる還付制度について検討する。

Question 84 欠損金が発生した場合の取扱い

欠損金が発生した場合の税務上の取扱いについて教えてください。

Point

欠損金の繰戻しによる還付制度又は欠損金の繰越控除制度のいずれかを選択適用することができる。

Answer

青色申告書である確定申告書を提出する事業年度において生じた欠損金（以下「青色欠損金」という）については，欠損金の繰戻しによる還付制度又は欠損金の繰越控除制度のいずれかを選択適用することができる。

欠損金の繰戻しによる還付制度とは，青色欠損金を欠損金が発生した事業年度（以下「欠損事業年度」という）の開始の日前1年以内に開始した事業年度（以下「還付所得事業年度」という）の所得金額に繰り戻し，その還付所得事業年度の法人税の全部又は一部の還付を受ける制度である（法法80①）。

また，欠損金の繰越控除制度とは，青色欠損金を欠損事業年度の翌事業年度から10年以内の所得金額の計算上，損金の額に算入する制度である（法法57①）。

欠損金の繰戻しによる還付請求をする場合には，次に掲げるすべての要件を満たす必要があるので留意が必要である。

① 還付所得事業年度から欠損事業年度の前事業年度まで連続して青色申告書である確定申告書を提出していること（法法80③）
② 欠損事業年度の確定申告書を青色申告書により提出期限内に提出していること（法法80①）
③ 欠損事業年度の確定申告書の提出と同時に「欠損金の繰戻しによる還付請求書」を提出していること（法法80⑤）
④ 解散等の場合の特例により法人税の還付の請求を行う場合には，その事実の生じた日及びその事実の詳細（法規36の4五）

なお，事業税，都道府県民税及び市町村民税には，欠損金の繰戻しによる還付制度がないので，欠損金の繰越控除制度の適用を受けることとなる。

Question 85　中小企業者等以外の法人の欠損金の繰戻しによる還付制度の不適用

欠損金の繰戻しによる還付制度が一部停止されているそうですが，その内容について教えてください。

Point

中小企業者等以外の法人は，その適用が停止されている。

Answer

　平成4年4月1日から令和6年3月31日までの間に終了する各事業年度において生じた青色欠損金については，中小企業者等以外の法人では，欠損金の繰戻しによる還付制度の適用が停止されている（措法66の12①）。ただし，清算中に終了する事業年度に該当する場合及び解散等の事実が生じた一定の事業年度（以下「解散等の場合の特例」という）に該当する場合においては，この停止の対象とされていない（措法66の12①，法法80④）。

　そこで，中小企業者等については，通常の各事業年度及び清算中の各事業年度においても欠損金の繰戻しによる還付制度が適用できるが，中小企業者以外の法人では，その適用が制限されている。

【図表4-3　欠損金の繰戻しによる還付制度（解散等の場合の特例を除く）】

	×1 4/1	×2 4/1	×3 4/1	×3 9/30 △解散	×4 9/30	×5 9/30 △清算結了
中小企業者等	○	○	○	○	○	
上記以外	×	×	×	○	○	

（注）　欠損金の繰戻還付適用可：○，欠損金の繰戻還付適用不可：×

Question 86　中小企業者等の範囲

Q85における中小企業者等の範囲について教えてください。

Point

資本金の額が1億円以下である普通法人等（資本金の額が5億円以上の法人又は相互会社等の完全子法人を除く）とされている。

Answer

中小企業者等の範囲は，以下の法人とされている（措法66の12①一〜四，措令39の24）。

① 普通法人のうち，各事業年度終了の時において資本金の額若しくは出資金の額が1億円以下であるもの(注)又は資本若しくは出資を有しないもの
（保険業法に規定する相互会社及び外国相互会社を除く）

　（注）　事業年度終了の時において大法人（資本金の額若しくは出資金の額が5億円以上の法人又は相互会社等をいう。以下同じ）との間にその大法人による完全支配関係がある普通法人及び複数の完全支配関係がある大法人に発行済株式の全部を保有されている普通法人を除く（法法66⑥二〜三）。

② 公益法人等又は協同組合等

③ 法人税法以外の法律によって公益法人等とみなされているもの
　（例）　認可地縁団体，管理組合法人，団地管理組合法人，法人である政党等，防災街区整備事業組合，特定非営利活動法人及びマンション建替組合

④ 人格のない社団等

Question 87　解散等の場合の特例

解散等の場合の特例の場合における欠損金の繰戻しによる還付制度について教えてください。

Point

解散，事業の全部譲渡又は更生手続の開始等の事実が生じた場合には，解散等の日前1年以内に終了した事業年度又は解散等の日を含む事業年度において，還付制度が適用できる。

Answer

内国法人について，①解散（適格合併による解散を除く），②事業の全部の譲渡，③更生手続の開始，④事業の全部の相当期間の休止又は重要部分の譲渡で，これらの事実が生じたことにより欠損金の繰越控除制度の適用を受けることが困難となると認められるもの，⑤再生手続開始の決定の事実が生じた場合（その事実が連結事業年度において生じた場合を除く）において，その事実が生じた日前1年以内に終了したいずれかの事業年度又はその事実の生じた日の属する事業年度において生じた青色欠損金については，税務署長の調査したところにより欠損金の繰戻しによる還付制度が適用できる（法法80④⑥，法令154の3）。

【図表4－4　欠損金の繰戻しによる還付制度（解散等の場合の特例の場合）】

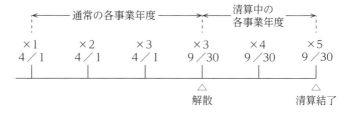

	×1 4/1	×2 4/1	×3 4/1	×3 9/30	×4 9/30	×5 9/30
中小企業者等以外	×	○	○	－	－	

（注）　欠損金の繰戻還付適用可：○，欠損金の繰戻還付適用不可：×

5 残余財産の分配

　平成22年度税制改正において清算所得に対する法人税が廃止され，平成22年10月1日以後に解散した内国法人は解散後も各事業年度の所得に対する法人税が課税されることとなった。改正前はいわゆる財産法的な計算によっていたものが，改正後は損益法的な計算方法に改められたことに伴い，解散・清算スケジュールの検討が実務上はより重要になったといえる。

　残余財産の分配が行われた場合には，その分配額をみなし配当金額と株式の譲渡対価とに区分する必要があり，この区分が解散会社及び株主双方の課税関係に影響を及ぼすこととなる。特に解散会社の場合には，みなし配当に係る源泉所得税等の徴収を失念しないよう留意すべきであるが，適格現物分配による場合には源泉徴収の必要がない等取扱いの異なる部分もあるため，金銭による分配との違いに留意する必要がある。

　本稿では，残余財産の分配に係る税務の取扱いについて，みなし配当と現物分配を中心に述べることとする。

【参考文献】
- 武田昌輔編著『DHCコンメンタール法人税法』（第5巻）第一法規
- 大沼長清，井上久彌，磯邊和男編／坂本一，平山昇著『設立・解散』ぎょうせい（2012年6月）
- ひかりアドバイザーグループ編『会社清算の実務（三訂版）80問80答』清文社（2012年12月）
- 中村慈美『図解組織再編税制』大蔵財務協会（2018年9月）

Question 88　残余財産の分配とみなし配当

残余財産の分配に係るみなし配当とはどのようなものですか。

Point

解散会社が分配した残余財産のうちに資本金等の額を超える部分の金額がある場合には，その超える部分の金額は税務上配当とみなして（以下「みなし配当」という）取り扱うこととされている。

なお，みなし配当の金額は分配金の額と解散会社の資本金等の額の関係で決まるため，株主の投資額の多寡はみなし配当の計算には影響しない。

Answer

1　みなし配当が生じる場合

解散会社が株主に対して分配をした残余財産のうちに，その解散会社の資本金等の額を超える部分の金額がある場合には，税務上その超える部分の金額をみなし配当として取り扱うこととされている。これは，実質的に課税済利益の分配とされる部分について通常の配当と同様の課税関係を生じさせるという税法特有の考え方によるものである。

みなし配当が生じる事由は，下記のとおりである（法法24）。

① 合併（適格合併を除く）
② 分割型分割（適格分割型分割を除く）
③ 資本の払戻し（剰余金の配当（資本剰余金の額の減少に伴うものに限る）のうち，分割型分割によるもの及び株式分配以外のもの並びに出資等減少分配をいう）又は解散による残余財産の分配
④ 自己の株式又は出資の取得（市場購入による取得等を除く）
⑤ 出資の消却（取得した出資について行うものを除く），出資の払戻し，持分の払戻し，社員その他法人の出資者の退社又は脱退による持分の払戻しそ

の他株式又は出資をその発行した法人が取得することなく消滅させること
⑥ 組織変更（組織変更に際してその組織変更をした法人の株式又は出資以外の資産を交付したものに限る）

なお，みなし配当の金額は下記2のとおり残余財産の分配額から解散法人の資本金等の額を基礎として計算した金額を控除した金額により算定される。また，残余財産の分配額からみなし配当金額を控除した金額が税務上の株式の譲渡対価の額となる（法法61の2①一）。

2 みなし配当の計算

解散による残余財産の分配によってみなし配当とされる金額は，下記の算式により計算される（法法24①四，法令23①四）。

$$\text{残余財産の分配額} - \text{解散法人の資本金等の額のうち交付の原因となった株式に対応する金額}_{(注)} = \text{みなし配当金額}$$

(注) $\dfrac{\text{分配直前の払戻等対応資本金額等}^{※1}}{\text{株式総数}} \times \text{分配に係る株式の数}$

※1 分配直前の払戻等対応資本金額等

$$\text{分配直前の資本金等の額} \times \dfrac{\text{残余財産の分配額}}{\text{分配直前期末簿価純資産額}^{※2}} \quad \left(\begin{array}{l}\text{小数点以下}\\\text{3位未満切り上げ}\end{array}\right)$$

※2 分配直前期末簿価純資産額
　　残余財産を分配する事業年度の前事業年度末日の資産の帳簿価額から負債の帳簿価額を減算した金額をいう。

Question 89 株主が残余財産の分配を受けた場合

株主が残余財産の分配を受けた場合において、留意することは何でしょうか。

Point

株主が会社の解散によって残余財産の分配を受けた場合において、その分配額がその会社の資本金等の額のうちその交付の基因となった株式に対応する部分の金額を超えるときは、その超える金額はみなし配当として取り扱われる。また、その分配額のうちみなし配当とされる金額以外の金額については、その株式の譲渡対価として取り扱われる。

Answer

1 法人株主の場合

(1) 受取配当等の益金不算入

みなし配当については税務上剰余金の配当等に該当し、受取配当等の益金不算入の規定が適用される（法法23①、24①）。なお、みなし配当は配当に係る計算期間がないため、短期所有株式等に係る配当等の益金算入規定の適用はない（法法23②）。

(2) 所得税額控除

みなし配当には、源泉所得税及び復興特別所得税（以下、「源泉所得税等」という）が課されるが、これらはその全額を各事業年度の法人税から控除することができる（法法68、復法33）。

(3) 株式の譲渡原価の計算

解散会社から残余財産の分配を受けた場合には、解散会社の株式の帳簿価額が譲渡原価となる。なお、残余財産の一部の分配を受けた場合には下記の算式により譲渡原価を計算することとなる（法法61の2⑱、法令119の9①）。

$$\text{一部分配直前の所有株式の帳簿価額} \times \frac{\text{残余財産の一部分配}}{\text{一部分配直前期末簿価純資産額}_{(注2)}} \text{(注1)}$$

(注1) 小数点以下3位未満切り上げ
(注2) 残余財産の一部分配をする事業年度の前事業年度末日の資産の帳簿価額から負債の帳簿価額を減算した金額をいう。
(注3) 上記算式の割合については株主側で計算することが困難であるため、解散会社から株主に通知することとされている（法令119の9②）。

2 個人株主の場合

(1) 配当控除

みなし配当は税務上剰余金の配当等に該当するため、通常の配当金と同じく配当金額に一定の割合を乗じた金額を配当控除としてその年分の所得税額から控除することができる（所法92）。

(2) 源泉所得税等の控除

みなし配当には源泉所得税等が課されるが、確定申告をすることによってこれらはその年分の所得税及び復興特別所得税から控除することができる。

(3) 株式の取得価額の付替計算

解散会社から残余財産の分配を受けた場合には、解散会社の株式の帳簿価額が譲渡原価となる。なお、残余財産の一部の分配を受けた場合には、その有する解散会社の取得価額から下記の算式により計算した金額を控除した金額を解散会社の株式の評価額としてその取得価額を付替え、かつ、その株式をその分配の日において取得したものとする（所令114①）。

【取得価額から控除する金額】

$$\text{従前の所有株式1株当たりの帳簿価額} \times \frac{\text{残余財産の一部分配額}}{\text{一部分配直前期末簿価純資産額}_{(注2)}} \text{(注1)}$$

(注1) 小数点以下3位未満切り上げ
(注2) 残余財産の一部分配をする事業年度の前事業年度末日の資産の帳簿価額から負債の帳簿価額を減算した金額をいう。
(注3) 上記算式の割合については株主側で計算することが困難であるため、解散会社から株主に通知することとされている（所令114⑤）。

Question 90 みなし配当が生じた場合の手続

残余財産の分配に係るみなし配当が生じた場合において、解散会社が株主や税務署に対して行う手続にはどのようなものがありますか。

Point

株主に対してはみなし配当金額等の通知を行う必要があり、税務署に対しては源泉所得税額等の納付及び支払調書の提出が必要となる。

Answer

(1) 株主に対する通知

残余財産の分配額のうちに含まれるみなし配当金額を株主側で計算することは困難であるため、残余財産の分配をする場合には解散会社から下記の事項を通知することとされている（法令23④）。

① 金銭その他の資産の交付の基因となった事由及びその事由の生じた日
② 1株当たりのみなし配当金額

(2) 源泉所得税等の徴収・納付

みなし配当については通常の配当と同様に支払時に源泉所得税等を徴収し、その源泉所得税等については、徴収した日の属する月の翌月10日までに納付する必要がある（所法181、182二）。

(3) 支払調書の作成

みなし配当の支払確定日から1月以内に、みなし配当金額に関する支払調書及び支払調書合計表を所轄税務署長に提出し、また、株主に対して支払調書を送付する必要がある（所法225①二、②二）。

Question 91　現物分配に係る所得金額の計算

会社の清算にあたり，金銭以外の資産を分配する場合の留意点を教えてください。

Point

原則として，資産をその残余財産の確定時における価額で譲渡したものとして取り扱われるが，完全支配関係のある法人に対するものは適格現物分配に該当し，譲渡損益の認識はない。

Answer

1　現物分配（原則）

会社が株主等に対して剰余金の配当や解散による残余財産の分配といった事由により金銭以外の資産の交付をすることを現物分配という（法法2十二の五の二）。

内国法人が残余財産の全部の分配又は引渡しにより被現物分配法人その他の者にその有する資産を移転するときは，被現物分配法人その他の者に移転をする資産のその残余財産の確定の時の価額による譲渡をしたものとして，譲渡損益が生じることとなる（法法62の5①）。この場合の譲渡損益は，その残余財産の確定の日の属する事業年度の所得の金額の計算上，益金の額又は損金の額に算入される（法法62の5②）。

2　適格現物分配

(1)　適格現物分配

適格現物分配とは，内国法人を現物分配法人（注1）とする現物分配のうち，その現物分配により資産の移転を受ける者がその現物分配の直前においてその内国法人との間に完全支配関係がある内国法人（普通法人又は協同組合等に限る）

のみであるものをいう。なお，その現物分配の直前における完全支配関係の有無が適格要件とされていることから，その他の組織再編の要件である完全支配関係の継続見込要件は必要とされていないことに留意する必要がある。

 (注1) 現物分配法人とは，現物分配によりその有する資産の移転を行った法人をいう（法法2十二の五の二）。
 (注2) 被現物分配法人とは，現物分配により現物分配法人から資産の移転を受けた法人をいう（法法2十二の五の三）。

(2) **資産の帳簿価額による譲渡**

 内国法人が適格現物分配により被現物分配法人にその有する資産の移転をしたときは，被現物分配法人に移転をした資産の適格現物分配の直前の帳簿価額（適格現物分配が残余財産の全部の分配である場合には，その残余財産の確定の時の帳簿価額）による譲渡をしたものとされ，譲渡損益は生じないこととなる。

Question 92 被現物分配法人の処理

被現物分配法人の処理について，原則（非適格現物分配）と適格現物分配に分けて教えてください。

Point

現物分配法人から移転を受けた資産の取得価額，その資産の受け入れによる収益に係る取扱いが異なる。

Answer

1 非適格現物分配の場合

(1) 資産の時価取得

被現物分配法人は，現物分配法人から移転を受けた資産をその時の価額により取得したものとされる（法令32①三他）。

(2) みなし配当

法人の株主等である内国法人が，その法人の解散による残余財産の分配により資産の交付を受けた場合において，その資産の価額の合計額がその法人の資本金等の額のうちその交付の基因となったその法人の株式等に対応する部分の金額を超えるときは，その超える部分の金額は配当等の額とみなされ（法法24①），受取配当等の益金不算入の適用対象となる（法法23①）。

(3) 現物分配法人株式の譲渡損益

内国法人が所有株式を発行した法人の解散による残余財産の分配により金銭その他の資産の交付を受けた場合には，所有株式の譲渡があったものとして譲渡損益が生じることとなる。この場合の譲渡対価の額からは上記(2)のみなし配当の金額が控除されることとなり，その譲渡原価の額は次の算式により計算した金額となる（法法61の2①⑱，法令119の9①）。

$$\text{所有株式の帳簿価額} \times \frac{\text{残余財産の分配額}}{\text{分配直前期末簿価純資産額}^{※}} \quad \text{(小数点以下3位未満切り上げ)}$$

※ 分配直前期末簿価純資産額
　残余財産を分配する事業年度の前事業年度末日の資産の帳簿価額から負債の帳簿価額を減算した金額をいう。

2 適格現物分配の場合

(1) 資産の帳簿価額による取得

　内国法人が適格現物分配により現物分配法人から資産の移転を受けた場合には，その資産の取得価額は，分配直前の帳簿価額に相当する金額となる（法法62の5③，法令123の6①）。

(2) みなし配当

　法人の株主等である内国法人が，その法人の適格現物分配により資産の交付を受けた場合において，その資産の分配直前の帳簿価額の合計額がその法人の資本金等の額のうちその交付の基因となったその法人の株式等に対応する部分の金額を超えるときは，その超える部分の金額は配当等の額とみなされる（法法24①）。なお，みなし配当の金額は適格現物分配により資産の移転を受けたことによる収益として，その全額が益金の額に算入されないこととなる（法法62の5④）ため，受取配当等の益金不算入制度の適用はない（法法23①）。

(3) 現物分配法人株式の譲渡損益

　適格現物分配による現物分配法人株式の譲渡損益の計算においては，その譲渡対価の額は譲渡原価と同額とされ，譲渡損益は生じない（法法61の2⑰）。なお，下記(4)のとおり一定の調整が必要となることに留意する必要がある。

(4) 資本金等の額

　適格現物分配による現物分配法人株式の譲渡損益の計算においては，譲渡対価の額と譲渡原価の額が同額とされるため，本来計上されるはずの譲渡損益相当額は資本金等の額で調整することとされている。すなわち，譲渡益相当額の資本金等の額が増加し，又は譲渡損相当額の資本金等の額が減少することとなる（法令8①二十二）。

Question 93 みなし配当が生じた場合の手続

現物分配に係るみなし配当が生じた場合において，現物分配法人が株主や税務署に対して行う手続にはどのようなものがあるか教えてください。

Point

株主に対してはみなし配当金額等の通知を行う必要があり，税務署に対しては源泉所得税額等の納付及び支払調書の提出が必要となる。

Answer

(1) 株主に対する通知

残余財産の分配額のうちに含まれるみなし配当金額を株主側で計算することは困難であるため，残余財産の分配をする場合には解散会社から下記の事項を通知することとされている（法令23④）。

① 金銭その他の資産の交付の基因となった事由及びその事由の生じた日
② 1株当たりのみなし配当金額

(2) 源泉所得税等の徴収・納付

みなし配当については通常の配当と同様に支払時に源泉所得税等を徴収し，その源泉所得税等については，徴収した日の属する月の翌月10日までに納付する必要がある（所法181，182二）。

なお，適格現物分配に係るみなし配当については所得税法上，配当所得の範囲から除外され（所法24①），配当に係る源泉徴収は不要とされている。これにより，被現物分配法人から源泉所得税等に相当する金額を徴収するというような必要はないこととなる。

(3) 支払調書の作成

みなし配当の支払確定日から1月以内に，みなし配当金額に関する支払調書及び支払調書合計表を所轄税務署長に提出し，また，株主に対して支払調書を送付する必要がある（所法225①二，②二）。

6 清算結了の登記をした法人の清算人等に対する第二次納税義務

　法人が清算結了の登記をした場合においても，その後の税務調査により過去の申告について更正又は決定処分を受けたときには，その税額につき清算人及び残余財産の分配又は引渡しを受けた者（以下「清算人等」という）が第二次納税義務を負うこととされている。

　そこで，ここでは，清算結了の登記をした法人の清算人等に対する第二次納税義務について検討する。

【参考文献】
- 金子宏著『租税法』弘文堂（第18版）
- 吉国二郎，志場喜徳郎，荒井勇共編『国税徴収法精解』大蔵財務協会（平成5年改訂）
- 西野正之編著『図解国税徴収法（平成25年度版）』大蔵財務協会

Question 94 清算結了の登記をした法人の納税義務

清算結了の登記をした法人の納税義務について教えてください。

Point

清算結了は実質的に判断されることとなり、各事業年度の所得に対する法人税を納めるまでは存続するものとされる。

Answer

法人が清算結了の登記をした場合においても、その清算の結了は法人税の納税義務については実質的に判断すべきものであるから、その法人は、各事業年度の所得に対する法人税を納める義務を履行するまでは、なお存続するものとされる（法基通1－1－7）。

清算結了の登記が行われれば、形式的には清算事務が終了し、法人が消滅したものと考えられる。しかし、法人が課されるべき法人税を完納しないで清算結了の登記をしても、その登記は適法な清算結了に基づくものではなく、租税逃れを防ぐ意味から効力がないと判断される。そこで、その法人は、各事業年度の所得に対する法人税を納めるまではなお存続し、法人の納税義務は消滅しないこととされる（大正8・12・12大判民録2291頁、昭和6・11・4行判1011頁）。

つまり、清算結了の登記をした後であっても、その法人に納税義務があり、清算結了の登記をした法人の清算人が第二次納税義務を負うこととされている（徴基通34－13）。

Question 95 第二次納税義務の意義

第二次納税義務の意義について教えてください。

Point

納税義務者の財産について滞納処分を執行してもなおその徴収すべき額に不足すると認められるときに，その納税義務者と人的・物的に特殊の関係がある者に対して，納税義務を負わせる制度である。

Answer

第二次納税義務とは，納税義務者が租税を滞納した場合において，その納税義務者の財産について滞納処分を執行してもなおその徴収すべき額に不足すると認められるときに限り，その納税義務者と人的・物的に特殊の関係がある者に対して，第二次的にその納税義務を負わせる制度である。

この制度は，本来の納税義務者から租税の全部又は一部を徴収することができないと認められる場合に，本来の納税義務者と人的・物的に特殊の関係がある者を第二次納税義務者とし，これに本来の納税義務者の納税義務に代わる義務を負担させることによって，徴収手続の合理化を図るために設けられたものである。

Question 96　清算人等の第二次納税義務

清算人等の第二次納税義務について教えてください。

Point

解散法人の清算人等に対し，滞納処分に係る法人税につき第二次納税義務が課される。

Answer

　法人が解散した場合において，その法人に課されるべき又はその法人が納付すべき法人税を納付しないで残余財産を分配又は引渡しをしたときは，その法人に対し滞納処分してもなおその徴収すべき額に不足すると認められる場合に限り，清算人及び残余財産の分配又は引渡しを受けた者は，その滞納処分に係る法人税につき第二次納税義務を負うこととされる（国徴法34①）。

Question 97 残余財産の分配等をした清算人の範囲

Q96における残余財産の分配等をした清算人の範囲について教えてください。

Point

清算事務を執行する者で残余財産の分配をした者をいう。

Answer

「清算人」とは，解散法人（合併により解散した法人及び破産した法人を除く）の清算事務を執行する者で残余財産の分配等をした者をいい，納付通知書を発する時において清算人でない者も含まれる。

なお，清算人に就任することを承諾した上，清算事務を第三者に一任している者は，直接に清算事務に関与しなくても「清算人」に該当する（昭和52・2・14最高判参照，徴基通34－5）。

例えば，株式会社における清算人は，【図表4－5】に掲げる者とされる（会法478）。

【図表4－5 株式会社における清算人】

区　　分		清　算　人　の　範　囲
清算人となるべき者がいる場合	原則	取締役
	例外	定款で定める者
		株主総会の決議によって選任された者
清算人となるべき者がいない場合		裁判所が利害関係人若しくは法務大臣の申立て又は職権で選任した者

Question 98 残余財産の分配等を受けた者の範囲

Q96における残余財産の分配等を受けた者の範囲について教えてください。

Point

残余財産の分配を受けた社員等及び残余財産の帰属等の規定により処分の相手方となった者をいう。

Answer

「残余財産の分配を受けた者」とは，法人が清算する場合において，残余財産の分配を受けた社員，株主，組合員，会員等（以下「社員等」という）をいう。

また，「残余財産の引渡しを受けた者」とは，法人が清算する場合において，残余財産を「残余財産の帰属等（一般社団法人及び一般財団法人に関する法律239）」の規定により処分を行ったときにその処分の相手方となった者をいう（宗教法人法50，医療法56等）。

なお，これら「分配」又は「引渡し」は，法人が解散した後に行ったものに限らず，解散を前提にそれ以前に行った分配又は引渡し（以下「分配等」という）も含まれる（昭和47・9・18東京地判参照，徴基通34－3）。

Question 99　第二次納税義務の範囲

清算人等の第二次納税義務の範囲について教えてください。

Point

清算人は分配等をした財産の価額を限度として，残余財産の分配等を受けた者はその受けた財産の価額の限度として，第二次納税義務を負う。

Answer

清算人は分配等をした財産の価額の限度において，残余財産の分配等を受けた者はその受けた財産の価額の限度において，解散法人に課されるべき又はその法人が納付すべき滞納法人税の全額について第二次納税義務を負うこととされる（国徴法34①ただし書，徴基通34－7）。

なお，この場合における財産の価額は，残余財産の分配等をした時におけるその財産の価額とされている（徴基通34－8）。

【図表4－6　財産の価額】

区　　　分	財　産　の　価　額
分配等が金銭でされている場合	その金銭の金額
分配等が金銭以外の財産等でされている場合	その財産の時価

＜参考＞

清算人は分配等をした財産の価額，残余財産の分配等を受けた者はその受けた財産の価額の限度として，第二次納税義務を負うこととされる。この財産の価額は，責任額の算定の基礎となるものであると解釈される。そこで，清算人等について，その滞納処分が執行される場合には，必ずしもその分配等の対象とされた財産のみが目的（対象）とされるわけではなく，清算人等の所有する全財産のうち，その価額を限度として，その目的（対象）財産が選択されることとなるので留意が必要である。

第5章
解散・清算の税制に対する提言

1 本書で扱った内容を振り返って

私は，本書の「はじめ」に際して次のことを述べた。

> 本書の「はじめ」に際して
>   平成22年度税制改正により唐突として法人税法における清算所得課税制度が廃止され通常所得課税制度に移行した。
>   この改正は会社法の解散・清算制度に，何らの改正を加えず法人税法のみの改正で行われたものである。
>   基本法である会社法を改正せずに法人税法のみを改正することを奇異に感じたのは私だけでないと思う。
>   そこで，その原因を質したところ次の点が判明した。
>   ① 会社法の解散登記後長年にわたり清算業務を行わず通常業務を行い，残余財産の分配も行わず，清算所得課税の実効を徒らに遅延させている事例があること。
>   ② 当該遅延期間において，過大な役員給与や過大役員退職金を支給したり，又多額の交際費等を支出している例があるが，清算所得課税制度の範疇では，これらを是正することはできないと解されること。
>   しかし，それらのことであるなら清算所得課税制度の中に不公平是正の特別立法をして是正する方法はなかったかと考える。
>   いずれにしても解散・清算については，基本法である会社法が，残余財産を基礎とした財産計算であるのに法人税法が財産計算を放棄し所得計算のみに移行した制度改正に対して法体系上納得ができない点が存在する。
>   したがって，改正法人税法を特に基礎としての法務・労務の面からも検討する必要があると考え，税務・会計のみでなく「解散・清算における法務手続」（星野司法書士）及び「解散・清算における労務」（川端社会保険労務士）も本書の記述に加えて頂いた。
>   そもそも法人税法は，会社法における会計処理及び会計報告を基として，これらに税務調整を加えて法人税法の所得の金額を算定しているものと考察される。そうであるならば，まずわが国の一般に公正妥当な会計処理の基準とされる会計処理は，会社解散・清算に対してどのように対処しているのかという「公正処理基準」の問

> 題を取り上げる必要がある。
> 次に会社法における解散・清算関係の決算はどのように行われているか、そして、その会社実務が果して法人税法が定める「確定決算基準」に適合するのかの点について検討する必要がある。
> 最後に、改正前の清算所得課税制度においては、会社法の清算を基として構成されていた関係から残余財産の価額から法人税法上の資本金等の額及び利益積立金の額を控除して清算所得の金額を算定しているのに対して、通常所得課税制度は、資本金等の額及び利益積立金の額は控除しない代りに「期限切れ欠損金」を法人の清算に際しては特別に控除することとしている。したがって、資本金等の額及び利益積立金の額の控除と期限切れ欠損金の控除とはどのような関係にたつのか、また実務にはどのような影響を与えるかについては今後のことも踏まえて入念に念査する必要がある。
> 本書では、これらのことを問題とすることから会社法を熟知した会計士、税理士、司法書士、社会保険労務士の6名により主として実務上の視点から問題点を浮き彫りにし読者の参考に供したい。

 すなわち、当該法人税法の改正は、法人税法の視点のみの改正であり、第1に基本法である会社法との関係から実務はどのように影響するのか、第2に当該法人税法の改正が、清算所得課税が廃止され通常所得関係に移行されたことに伴い会計と会計監査との実務はどのように変わるのか、第3に当該法人税法の改正が法人税法の実務にどのような影響を与えたのか、第4に会社清算実務という視点からは会社清算における労務上の留意点及び法務手続上の留意点を参考として、社会保険労務士及び司法書士に記述してもらった。

 これらの資料を基として、当該法人税法の改正を、①会社法との実務、②会計との実務、③法人税法上の実務、④その他の実務、に分類してその内容を明らかにし、その内容に基づいて次項に「解散・清算の税制に対する提言」としたいと考える。したがって、「本書で扱った内容を振り返って」は、最終提言を行うに際しての資料の解説として記述するものであることを理解していただきたい。

1　改正法人税法と会社法の実務

　この問題については，公認会計士・白土英成氏による，次の項目の記述がある。

1　株式会社における法律実務

　この内容については，「Q01　解散・清算の具体的な手続」，「Q02　清算株式会社の権利能力と実施手続」が記述され，法律実務は当該法人税法の改正による直接的な影響はなく進められていると説明されている。

2　解散・清算における経理事務の流れ

　この内容については，「Q31　解散から残余財産確定までの事業年度」，「Q32　解散時の会計」，「Q33　清算の会計」，「Q34　清算結了時の会計」，が記述され，会社法上は残余財産を基とした財産計算であるのに当該法人税法の改正が損益課税方式であるために，まず，実務上は継続企業ベースでの税務申告用の貸借対照表及び勘定科目内訳書を作成し，それを基に処分価格へ置き換えて株主総会用の貸借対照表を作成することになり，当該法人税法の改正により二重の実務を要することを説明されている。

3　貸借対照表及び財産目録における資産及び負債の評価

　この内容については，「Q38　財産目録・貸借対照表の作成」が記述され，主として会計基準の存在しない資産・負債の評価及び財産目録・貸借対照表の表示形式が示されている。

4　財産目録の作成と実態貸借対照表

　この内容については，「Q39　処分価格の算定方法」，「Q40　実態貸借対照表作成の意義」，「Q41　清算所得に対する税額の見積り計上」が記述され，解散・清算における財務書類作成について2の流れに沿った二重実務の帳簿価

額の実務が説明されている。

5 残余財産の確定と分配の会計処理

この内容については,「Q42 清算結了時の財務書類の作成」,「Q43 残余財産確定までの会計処理」,「Q44 債務弁済前に財産分配を行う場合」, Q45「残余財産確定時の留意点」,「Q46 残余財産分配の会計処理」が記述され, 旧商法と異なり会社法では現物分配が可能になったことによりその会計処理等が説明されている。

2 改正法人税法と会計の実務

この問題については, 公認会計士・白土英成氏による次の項目の記述がある。

1 解散にあたって作成する計算書類

この内容については,「Q35 解散時における財務書類」,「Q36 清算事務年度における計算書類」,「Q37 清算結了時の財務書類」が記述され, 残余財産の分配をもって清算事務は終了し, 実質的な清算の結了によって会社は消滅すると説明されている。

2 解散・清算における会計基準

この内容については, Q47「適用すべき会計基準」, Q48「継続企業を前提とする会計基準」, Q49「継続企業の前提が成立していない場合」, Q50「提供される財務情報」, Q51「法人税, 会社法, 企業会計の関係」が記述され, 当該法人税法の改正は実務上どのように対応すべきなのかについて今後はさらなる検討が必要だと説明されている。

3 継続企業を前提としていない会計と監査

この内容については,「Q52 継続企業の前提に関する開示」,「Q53 会計制度委員会研究報告第11号」,「Q54 継続企業の前提に基づく財務諸表」,

「Q55　継続企業の前提に重要な不確実性がある場合の監査意見」,「Q56　継続企業の前提が成立していない一定の事実」,「Q57　解散決議後の監査役又は監査役会」,「Q58　解散決議が行われた会社に対する監査意見」が記述され，一般に公正妥当な企業会計の基準は，継続企業を前提に設定されている。それは会社の資産や負債のすべてを時価評価することを想定していないと説明されている。

3　改正法人税法の実務

　この問題については，税理士の宮森俊樹氏，同じく税理士の折原昭寿氏の両名による次の項目についての記述がある。

税理士　宮森俊樹氏
　第4章
　　3　期限切れ欠損金の損金算入（Q67～Q69，Q71，Q74～Q83）
　　4　欠損金の繰戻しによる還付
　　6　清算結了の登記をした法人の清算人等に対する第二次納税義務

税理士　折原昭寿氏
　第4章
　　1　清算所得課税の概要
　　2　みなし事業年度
　　3　期限切れ欠損金の損金算入（Q70・Q72・Q73）
　　5　残余財産の分配

　上記両氏の論文は，次項の「解散・清算の税制に対する提言」の重要な資料となるものであるから私が同提言を記述する際にこれら論文の内容を紹介するものとしたい。

2 解散・清算の税制に対する提言

　会社，特に有限責任としての株式会社は，多くの規制の下に存在している。
　そして，経営実務者はその規制を受け種々の実務を強制されている。
　すなわち，規制は統治者が行うものであるが，その規制のために経営者が不必要又は不合理な実務を強制されることは，在民主権の立場又は民主主義の国家観から好ましいことではない。
　統治者（公務員を含む）は，審議会等の議を経て法律案を立案し，国会に提案し，法制化され，法律として経営者を規制するものである。
　しかし，統治者はもちろん，審議会の委員もほとんど実務に携わっている人が少なく，統治の目的のためという旗印の下で実務の不必要性又は不合理性を配慮せずに単なる法律を「作る人」に成り下がってはいないか，また経営者は，実務の不合理又は過重性にもかかわらず，お上が決めたことだからとし単純に法律に「従う人」に成り下がってはいないかを検討する必要がある。
　統治者も国民も双方が「成り下がり」では健全な民主国家は成立しない。
　こうした意味を込めて，平成22年度税制改正により唐突として法人税法における清算所得課税制度が廃止され，通常課税制度に移行した改正（以下「当該法人税法の改正」又は「改正法人税法」という）が成り下がりの改正に移行したか否かを実務の面から検討するものである。

1 当該法人税法の改正と実務

① 当該法人税法の改正と法律実務

　当該法人税法の改正のポイント，すなわち清算所得課税制度から通常所得課税制度の移行であるが，前述したとおり基本法としての会社法における実務は，当該法人税法の改正と関係なく清算の箇所（会社法第8，9章　解散・清算）に伴う実務を継続している。そのため法律実務については，「会社法上は残余財産を基としたものであるが，改正法人税法が損益課税方式であるために，まず実務上は継続企業ベースでの税務申告用の取得価額を基とした帳簿価額に基づく貸借対照表，損益計算書及び勘定科目内訳書を作成・申告し，それを基に処分価格に置き換えて株主総会用の貸借対照表を作成することになり，当該法人税法の改正により二重の実務を要することになる」との指摘は，これが合理的であるか否か，また成り下がりに該当していないか否かの点については第1の検討項目に値する。

② 当該法人税法の改正と会計実務

　会計実務を基礎とした法人税法の通常所得課税制度は，一般に公正妥当な会計処理の基準に従って計算されるものとする（法法22④）（以下「公正処理基準」という）との定めがある。

　これについて検討したところ，前項に記載したとおり「公正処理基準は，継続企業を前提に設定されている。それは，会社の資産や負債のすべてを時価評価することを想定していない。また，監査の枠組みについては継続企業の前提に重要な疑義が生ずる場合には，有価証券報告書又は事業報告において適切な開示が求められている」との指摘は，これが税法に抵触しないか，また成り下がりに該当しないか否かの点については第2の検討項目に値する。

3 当該法人税法の改正と法人税実務

　会社法と改正法人税法の関係について述べると、会社法の形式規定（事業年度、残余財産の分配等）は、会社法の規定を準用し、会社法の実質規定（計算規定等）のみを法人税法の清算所得課税制度から通常所得課税制度に変更した改正である。

　まずこの改正は、法人税法における旧計算方式「清算所得の金額＝残余財産の価額－（解散時の資本金等の額＋解散時の利益積立金額等）」を新方式「所得の金額＝益金の額－損金の額」に変更したものであるが、新方式への変更に際して新たに損金の額に「期限切れ欠損金の額」を加えたことに特徴がある。この「期限切れ欠損金」については、残余財産がないと見込まれるとする内容を通達等で規定している問題について、法令明確主義の見地及び成り下がり行為に該当するか否かの点については第3の検討項目に値する。

　次に改正法人税法は、実務面においても不利益な点（特例制度不適用）のみではなく、利益な点（欠損金の繰戻し制度の適用可能）も存する。

　したがって、解散事業年度に係るメリット又はデメリットについての合理性については第4の検討項目に値する。

　それらを総合して次の四つの項目につき検討を加え、その結果に基づき会社の清算実務に係る税制に対する提言を作成するものとする。

　第1検討項目　改正法人税法に係る二重負担実務
　第2検討項目　改正法人税法と公正処理基準
　第3検討項目　改正法人税法と期限切れ欠損金
　第4検討項目　改正法人税法に係るメリット・デメリット

2 当該法人税法の改正と検討事項

1 改正法人税法に係る二重負担実務

　株式会社の解散決議後・清算結了までの清算株式会社の権利能力は、清算の目的の範囲内に限定されている（会法476）。

　そして、会社の目的の範囲内の行為とは、会社の法人格消滅前に会社の現務を終了し、債権を取り立てて、債権者に対して債務を弁済し、株主に対して残余財産を分配する等の手続であり、当該手続を会社法上清算と呼ぶこととされている（会法481）。

　さらに重要なことは、清算株式会社の清算人が目的の範囲外の行為をしたときは、その効果は会社に帰属せず、清算人に帰属するとした考え方が通説である。

　この会社法における清算株式会社の権利能力（会法476）を無視して当該法人税法の改正を行ったところに、二重負担実務の問題がある。すなわち、清算株式会社における営利業務（現務）の継続、清算人も含めた役員の高額役員報酬及び退職金の支給並びに交際費等の支出等の行為は、いずれも清算株式会社の権利能力を超えた行為であり、その効果は清算株式会社に帰属せず清算人に帰属すべきものと判断するのが合理的である。

　換言すれば、基本法としての会社法の規定を無視し、清算株式会社の権利能力外の行為についても当該株式会社に帰属するものとして、当該法人税法の改正を行ったところに当該法人税法改正の最大の欠点がある。

　したがって、二重負担実務の問題は、当該法人税法の改正を取り消して株式会社帰属所得のみに限定して是正すべきものであると判断する。

2 改正法人税法と公正処理基準

　当該法人税法の改正は、財産課税方式を損益課税方式に変更した。
　その方式は「所得の金額＝益金の額－損金の額」として示される。

そして，これらの金額（益金の額及び損金の額）は，法人税法上「公正処理基準に従って計算されるものとする」（法法22④）と規定されている。

　しかし，わが国の会計基準は，継続企業を前提とした会計基準のみである。それは，会社の資産や負債のすべてを時価評価することを想定していないからだと述べられている。

　そうすると当該法人税法の改正は，評価益を益金の額とし，評価損を損金の額とするが，この評価損益の定めと公正処理基準との整合性をいかに考えるか，その整合性は合理的であるか否かが判断されるべきものである。

③　改正法人税法と期限切れ欠損金

　当該法人税法の改正は，財産課税制度を損益課税制度に変更するに伴い，損益課税制度の中に清算に関して特別に「期限切れ欠損金の額」を損金の額に算入するという措置を打ち出した（法法59③）。

　しかし，この制度は適用年度に無条件に認められるものではなく，「残余財産がないと見込まれるとき」に限って適用を認められるものである。

　しかし，残余財産がないことの定義は，法例上規定がなく，現在は国税庁が公表する法人税基本通達又は質疑応答事例に基づいて判断する以外に方法がない状況である。

　すなわち，国税庁は「残余財産のないこと」の見極めを，清算株式会社の各事業年度終了の時の現況により行うこととし（法基通12-3-7），その内容は，一般的には実態貸借対照表によるものとされ，その資産の価額は，原則として処分価額とした（法基通12-3-9）。

　この期限切れ欠損金の損金算入は，当該法人税法の改正による財産課税制度から損益課税制度の変更に伴う権衡（けんこう）として設けられた措置である。すなわち，債務免除益の益金算入に対しての期限切れ欠損金の損金算入であると判断されるので，その内容を法令で規定せず通達等で定めたことは，税制の法令明確主義の原則に反し，国税庁長官によりいつでもその内容を変更できる可能性を有していると言わなければならない。

4 改正法人税法に係るメリット・デメリット

　当該法人税法の改正により平成22年10月1日以後に解散する解散株式会社は，通常の所得課税方式となったため，欠損金の繰戻しにより還付制度の適用制度を受けることができることになった。

　欠損金の繰戻しによる還付制度とは，青色欠損金を欠損金が発生した事業年度開始の日前1年以内に開始した事業年度の所得金額に繰り戻し，その事業年度の法人税額の全部又は一部の還付を受ける制度である（法法80①）。しかし，この制度は平成4年4月1日から令和2年3月31日までの間は，中小企業者等に限定された制度となっている（措法66の13①）。この制度について多くの雑誌は，このことをメリットと評価しているが，私はそうは思わない。清算株式会社は，すべての資産・負債・株式等を清算することを目的とする。

　さらに清算株式会社は，今後，欠損金の繰戻し還付制度の選択のできない非継続の会社である。そうであるならば欠損金の繰戻し還付は，消滅途上の清算株式会社の清算のための当然の権利行使であり，メリットと認識する必要もない。

　そのように考えた場合，当該法人税法の改正は，メリットはなくデメリットのみということができる。

3 当該法人税法の改正に係る提言

　法人税法の運営及び管理に係る基本法としての会社法の趣旨については，次のように規定されている。

　「会社法第1条（趣旨）　会社の設立，組織，運営及び管理については，他の法律に特別の定めがある場合を除くほか，この法律の定めるところによる」

　したがって，会社法と異なる運営及び管理を打ち出した当該法人税法の改正を，会社法の特別法として認識すれば直ちに違法ということはできない。

　しかし，問題は当該法人税法の改正が特別法として規定しなければならない

必要性と合理性を有していたか否かである。これについて「**2** 当該法人税法の改正と検討事項」として四つの検討項目について検討した。

　その結果は，いずれの検討項目についても会社法の特別法としての必要性と合理性を見出すことはできず，かえって実務の二重負担，公正処理基準との矛盾及び旧方式における期限切れ欠損金に基づく還付請求権の脱漏に基づく制度の成り下がりが指摘された。そこで民主党政権（平成21年9月16日～平成24年12月26日）により唐突として打ち出された当該法人税法の改正につき，自由民主党政権（平成24年12月26日以降）に対して，その是正策として次の二つの提言を行うものである。

〔提言1〕
　当該法人税法の改正を旧法による清算所得課税方式に戻し，期限切れ欠損金に基づく還付請求権を加え，算式を次のとおりとすること。

（算式）
　　清算所得の金額
　　＝残余財産の価額－還付請求権付期限切れ欠損金の額
　　　－（解散時の資本金等の額＋解散時の利益積立金額等）

〔提言2〕
　解散株式会社における権利乱用支出（営利行為の継続，役員等に対する高額報酬及び高額退職金並びに多額交際費等の支出）は，当該株式会社における会社法の行為ではないこと及び清算人の忠実義務の関係から清算人の所得税として処理することを税法で規定すること，その算式は次のとおりとすること。

（算式）
　・清算人の個人課税（事業所得又は雑所得）
　・所得金額（注1）
　　＝収入金額（注2）－必要経費（注3）
　　（注1）　弁護士，会計士等の事業所得者が清算人である場合は，事業所得とし，その他は雑所得とする。
　　（注2）　清算株式会社の権利乱用支出は，清算人の収入金額とする。

（注3） 清算株式会社の権利乱用支出のうち清算人の清算事務に必要な部分の金額を必要経費に算入する。その他は必要経費に算入せず課税の対象とする。

著者紹介

〔監修・執筆〕

右山　昌一郎（第1章，第5章）

日本税務会計学会顧問・元税理士

東京国税局，国税庁，大蔵省を経て昭和42年右山税務会計事務所を設立。その後，平成14年に税理士法人を設立し，所長となる。企業の税務・会計を指導するとともに，大学講師・助教授として教壇に立った。政府等の諮問機関である中小企業財産承継問題研究会のメンバー，税制審議会専門委員長，日本税務研究センター租税法事例研究会研究委員，通産省事業承継税制研究会委員，日本税務会計学会学会長，日本税理士会連合会「日税研究賞」選考委員を歴任。現在，日本税務会計学会顧問，明治大学士業会名誉顧問。平成29年9月30日に税理士廃業。

【主要著書】『税務を生かす基本規定・契約書式全集』（全3巻）（昭和59年・日税研究奨励賞受賞）（ぎょうせい），『所得税がわかる本』（日本実業出版社），『新税理士実務質疑応答集　法人税務編・個人税務編』（ぎょうせい），『Japanese Corporation Tax '83』（PMC出版），『税理士法人制度のすべて』（中央経済社），『相続に必要な知識』（大蔵財務協会），『種類株式の活用と税務』（大蔵財務協会），『判例・実例から見た検証交際費課税』（大蔵財務協会），『税務調査と税理士の権利』（大蔵財務協会）　他多数。

〔執筆〕

川端　重夫（第2章「5」）

社会保険労務士

川端社会保険労務士事務所所長。(株)平凡社勤務を経て，昭和62年開業。現在実務者教育をしつつ，200社余りの顧問先の指導にあたっている。東京都社会保険労務士会所属。

【主要著書】『こうすれば社会保険労務士になれる』（中央経済社），『労働・社会保険の手続マニュアル』（日本法令），『労務管理入門の入門』（税務研究会出版局），『よくわかる継続雇用制度導入の実務と手続き』（日本実業出版社）等。

白土　英成（第2章「1」，第3章）
公認会計士・税理士
税務会計研究学会理事，税理士法人メディア・エス代表社員。平成元年公認会計士白土会計事務所開設。税理士登録。平成21年田口安克と税理士法人メディア・エス設立。オリエント監査法人代表社員。
【主要著書】『設例・図でみる役員給与の税務』（中央経済社），『やさしくわかる原価計算』（共著，日本実業出版社），『これならわかる企業会計原則』（共著，日本実業出版社）。

星野　文仁（第2章「2」～「4」）
司法書士・行政書士
明治大学商学部商学科卒業。株式会社丸井，ソニー生命保険株式会社で勤務したのち，平成9年に司法書士資格を取得，翌年星野ふみひと司法書士事務所を開設。組織再編（合併，会社分割，株式移転，株式交換，事業譲渡），IPO（株式公開），新会社法を使った事業承継を多く手がける。平成20年事務所を銀座に移転し，平成21年に行政書士登録。事務所名を司法書士・行政書士星野リーガルファームに改称。
【主要著書】『最新・株式会社の議事録事例集』，『株式会社の減資の税務と登記手続』（以上，日本法令），『中小企業の正しい株式実務』（中経出版），『中小企業の組織再編・事業承継』（中央経済社），『実践会社法』（かんき出版）等。

宮森　俊樹（第4章「3」，「4」，「6」）
税理士
税理士法人右山事務所代表社員・所長，東京税理士会会員講師，日本税務会計学会税法部門副学会長，税務会計研究学会委員。
【主要著書】『減価償却・リースの税務詳解　第3版』（中央経済社），『Q&A　税制改正の実務－平成28～令和4年度版－』（中央経済社），『改訂版　計算書類作成のポイント－中小企業会計指針を中心に－』（新日本法規）　等。

折原　昭寿（第4章「1」～「3」，「5」）
税理士
平成14年大原簿記学校税理士課法人税法科専任講師，平成19年税理士法人右山事務所入所。平成22年税理士登録。
【主要著書】『新税理士実務質疑応答集』（共著・ぎょうせい），『法人税申告書の書き方と留意点』（共著・中央経済社）。

Q&A
会社解散・清算の実務
－税務・会計・法務・労務－
〔改訂版〕

2015年 2 月20日　初 版第 1 刷発行
2015年 7 月20日　初 版第 2 刷発行
2016年 8 月20日　初 版第 3 刷発行
2017年 4 月30日　初 版第 4 刷発行
2019年 7 月20日　改訂版第 1 刷発行
2020年 7 月20日　改訂版第 2 刷発行
2023年 8 月20日　改訂版第 3 刷発行

著　者　右山昌一郎
　　　　川端　重夫
　　　　白土　英成
　　　　星野　文仁
　　　　宮森　俊樹
　　　　折原　昭寿

発行者　大坪　克行

発行所　株式会社 税務経理協会
　　　　〒161-0033東京都新宿区下落合1丁目1番3号
　　　　http://www.zeikei.co.jp
　　　　03-6304-0505

印　刷　光栄印刷株式会社
製　本　牧製本印刷株式会社

本書についての
ご意見・ご感想はコチラ

http://www.zeikei.co.jp/contact/

本書の無断複製は著作権法上の例外を除き禁じられています。複製される場合は、そのつど事前に、出版者著作権管理機構（電話03-5244-5088、FAX03-5244-5089、e-mail: info@jcopy.or.jp）の許諾を得てください。

 ＜出版者著作権管理機構 委託出版物＞

ISBN 978-4-419-06632-1　C3034

© 右山昌一郎・川端重夫・白土英成・
星野文仁・宮森俊樹・折原昭寿　　2019 Printed in Japan